2017, et si c'était vous ?

Tous ensemble, faisons bouger la France !

Jean-Christophe Fromantin

2017, et si c'était vous ?

Tous ensemble, faisons bouger la France !

Michel LAFON

DU MÊME AUTEUR

Mon village dans un monde global, *Bourin éditeur, 2011*.

Le Temps des territoires, *Bourin éditeur, 2012*.

La France réconciliée, *Éditions de l'Archipel, 2014*.

118, avenue Achille-Peretti – CS 70024
92521 Neuilly-sur-Seine Cedex
www.michel-lafon.com

Introduction

Cet ouvrage n'est pas un essai, mais plutôt un appel à la mobilisation à l'usage de ceux qui veulent que la France bouge. Il repose sur trois idées simples, illustrées par quelques témoignages.

La première ? **L'engagement**. Il appelle à ce que nous prenions chacun nos responsabilités pour assumer aussi notre part d'engagement politique au service de nos territoires et de la France.

La deuxième est celle de **l'équité**, car dans un pays qui a besoin de retrouver une séquence de prospérité, gardons-nous de la dérive égalitariste et attachons-nous davantage à **promouvoir la liberté d'entreprendre** et la **possibilité pour tous de réussir**.

La troisième idée est celle de **l'audace**. Car oui, soyons audacieux ! Mettons fin à ce pessimisme chronique dans lequel la France semble s'enliser depuis maintenant plusieurs années. Un pessimisme qui l'empêche de se réformer, d'avancer et de rayonner. Il est temps que la France retrouve l'audace créatrice qui a fondé sa réussite culturelle, économique et sociale, ainsi que son influence dans le monde ! Vous pensez que c'est impossible ? Au fil de ces pages, vous verrez que non !

Cet ouvrage repose également sur cette idée simple que la France ne sortira de la profonde crise de confiance dans laquelle elle s'enfonce que si nous mobilisons nos atouts, nos territoires et nos talents pour réoxygéner la vie politique. Aussi, pour que sa lecture soit fructueuse, il convient de le lire en gardant son titre à l'esprit... *2017, et si c'était vous ?*

Car, vous le verrez, c'est entre les mains de tous que se joue l'avenir de la France. Encore faut-il oser !

Par ce titre, je veux interpeller les Français très directement sur leur engagement à l'occasion des prochaines échéances électorales, plus particulièrement les élections législatives.

Oui, à l'heure de la désaffection, de la résignation et de l'abstention record, je les appelle aux urnes et à l'action, car ces élections nationales non seulement sont à leur portée, mais elles sont aussi l'affaire de tous. Elles se jouent dans chaque territoire. Elles constituent une formidable occasion de faire des propositions courageuses et audacieuses pour la France et de recréer un climat de confiance dans la société. Pour enfin faire bouger les lignes.

– 1 –

« Vous n'y arriverez pas »

Combien de fois ai-je entendu cette phrase ? Aussi bien dans ma vie d'entrepreneur que dans mon engagement politique. Cette phrase qui est l'expression même de la résignation, de l'abandon ou du renoncement. Cette phrase par laquelle on reconnaît qu'il y a un problème que l'on refuse, dans le même temps, d'affronter ou de résoudre. Cette phrase qui fait de la défaite et de l'échec des postulats de base, avant même d'entreprendre… Pire, cette phrase dont on se sert pour dissuader ceux qui veulent essayer. Cette phrase exprimée dès qu'on veut changer les choses résonne comme le marqueur d'une société en dépression.

Quand je me suis présenté aux élections législatives en 2007, puis dans la foulée aux élections municipales en 2008, dans ma ville de Neuilly-sur-Seine, cette même ville dont le président de la République en exercice avait été député, maire et conseiller général pendant plus de vingt ans, combien de fois ne m'a-t-on pas justement rappelé que la politique n'était pas mon univers, que je n'y arriverais pas, que je n'avais aucune chance et qu'il valait mieux laisser cela aux « professionnels » de la politique ?

Et pourtant. En 2008, j'étais élu maire de Neuilly-sur-Seine ; en 2011, je devenais conseiller général des Hauts-de-Seine ; en 2012, j'étais élu député des Hauts-de-Seine ; et en 2014 j'étais réélu, dès le premier tour, maire de Neuilly, avec plus de 67 % des voix. Je n'avais ni talent particulier ni prédisposition pour la politique. Je n'avais ni réseaux, ni mentor, ni expérience de la chose publique, ni appétit particulier pour les scrutins… J'avais tout simplement envie de prendre mes responsabilités vis-à-vis du bien commun et de notre avenir. Et, chaque fois qu'on me serinait « Vous n'y arriverez pas » ou qu'on m'expliquait que mon élection était un épiphénomène, un hasard, un coup de chance qui ne se reproduirait plus jamais, j'éprouvais le besoin de prouver le contraire, de contredire cette résignation qui tend à laisser croire que la politique est le pré carré de quelques « heureux élus ». Toujours en restant libre de toute appartenance à l'appareil politique, sans investiture, avec un projet clairement énoncé pour ma commune, ma circonscription ou mon pays, je l'ai emporté.

Ces élections, dans un fief que l'on disait imprenable et dont l'un des élus départementaux avait eu ce bon mot à mon sujet « Il chasse sur une chasse royale sans autorisation », m'ont profondément marqué.

Mon élection comme maire de Neuilly en 2008 est sans aucun doute un de ces combats qui permettent de tordre le cou à l'idée que la politique est verrouillée et que ça ne vaut pas le coup de s'engager. Quand, en septembre 2007, Nicolas Sarkozy annonce le parachutage à Neuilly de son porte-parole à l'Élysée, tout le monde considère que les dés sont jetés. David Martinon est un brillant énarque, sa notoriété est importante puisqu'il apparaît chaque mercredi à la télévision pour commenter les décisions du Conseil des ministres, il est soutenu par l'UMP de Neuilly-Puteaux qui compte alors plusieurs milliers d'adhérents. Surtout, il est directement adoubé par l'homme le plus puissant du système politique, le président de la République. À cette époque, Nicolas Sarkozy, moins d'un an après son élection, est au zénith de sa popularité.

Ce parachutage à Neuilly est très remarqué. Concrètement, il s'est déroulé le soir du dernier dimanche de septembre 2007 à l'hôtel de ville de Neuilly à l'occasion du second tour d'une élection cantonale partielle. Vers 21 heures, David Martinon débarque avec le président de la République en personne dans la salle des fêtes de la mairie. Je n'étais pas présent. Les militants UMP sont surpris, et partagés. Certains réagissent en applaudissant, d'autres, furieux de ne pas avoir été mis dans la confidence, scandent « Martinon non ! non ! » Ambiance. J'observe cela avec stupeur depuis chez moi. Cette main basse sur la ville me choque profondément. À tel point que le soir même, je décide de ne pas accepter ce type de comportement et de me lancer dans les municipales. Après tout, je connais bien Neuilly, j'y suis attaché et j'y vis depuis près de vingt ans avec ma famille. Dès le lendemain matin, j'invite les journalistes à me retrouver devant l'hôtel de ville pour expliquer ma candidature. Un seul journaliste – de *L'Humanité* – est présent, davantage pour moquer mon initiative et s'amuser de la situation à Neuilly que pour s'intéresser à mes motivations.

L'opération est lancée, je me retrouve quasiment seul, avec quelques rares amis qui, par gentillesse, me promettent de me donner un coup de main. À part moi, personne n'y croit. Mais les Français, qui n'ont de cesse de réclamer une autre manière de faire de la politique, devraient adhérer à une initiative qui donne corps à cette attente.

Mon programme est simple : recenser tous les points d'amélioration et les intégrer dans un projet de dynamisation et de modernisation de la ville. Sur la forme, j'agirai comme je l'ai toujours fait dans ma vie d'entrepreneur, en proposant un projet, en recensant les compétences nécessaires à sa mise en œuvre et en constituant une équipe, largement issue de toutes les composantes de la société civile, dont les membres seront choisis, non pour ce qu'ils représentent dans un parti, non parce qu'ils sont de fidèles militants, mais pour la qualité de leur contribution et pour l'expérience qu'ils pourront mettre au service de la ville. En quelques jours, une petite équipe de campagne est installée. Nous sommes une douzaine, tous très motivés. Nous nous réunissons chez moi chaque semaine. Une lettre d'intention est rédigée, expliquant la démarche, et un blog est ouvert afin de diffuser les idées et de recueillir des commentaires. La « start-up politique » est créée. Je suis alors loin de me douter qu'elle prospérerait si vite et qu'elle me mènerait quelques mois plus tard à la tête de cette ville emblématique.

Mais pour l'heure, les choses ne s'annoncent pas facilement. Psychologiquement d'abord, car il ne se passe pas une heure dans la journée sans qu'une personne ne me serve un « Vous n'y arriverez pas » et qu'on m'incite « amicalement » à laisser tomber. « Après tout, Martinon, ce n'est pas si mal (...) et on n'a pas vraiment le choix », disent même certains de mes amis. Dur pour le moral ! Je veux donner tort à tous ceux qui ont d'ores et déjà baissé les bras ; à tous ceux qui sont résignés ; à tous ceux pour qui l'échec est inévitable, et surtout à tous ceux qui me répètent jour après jour que je perds mon temps. En face, dans le camp Martinon, ça avance. Les candidats se pressent pour figurer sur la liste du futur vainqueur désigné. Dès octobre 2007, ils sont près de 350 à postuler pour 45 places. Les médias se passionnent pour suivre l'ascension politique du jeune énarque sarkozyste. Pas une semaine sans un article ou une couverture de magazine présentant David Martinon comme le « futur maire de Neuilly-sur-Seine », le « successeur de Nicolas Sarkozy » ou la « valeur montante de la politique française ». Ses équipes se forment, il fait le plein dans les réunions d'appartement et les ministres défilent à Neuilly pour marquer leur soutien. Tous les réseaux politiques sont à la manœuvre. Un vrai cas d'école. Classique.

De mon côté, c'est sur le terrain que j'ai choisi de m'investir. Dans la journée, je travaille dans mon entreprise. Dès le matin tôt et le soir tard je suis sur le terrain, sept jours sur sept. Seul au début, car mis à part mes quelques amis, ce n'est pas encore la grande foule. De septembre à décembre, je « tracte » tous les jours aux entrées et aux sorties de métro, je sillonne les marchés tous les mercredis, vendredis et dimanches, et j'arpente la ville du nord au sud et d'est en ouest en allant au-devant des gens, tracts en main, pour leur expliquer ma démarche. Il n'y a ni marketing ni tactique politicienne dans ma manière de faire, mais du bon sens, le souci de servir l'intérêt de la ville et cette conviction chevillée au corps que si 80 % des Français se méfient des politiques, ils ne peuvent être insensibles à une démarche nouvelle. Ma détermination est sans faille.

Par manque de moyens et surtout parce que je suis convaincu que cela sera plus efficace, je renonce à une permanence de campagne pour installer notre QG dans un café du centre-ville. C'est plus visible, beaucoup plus convivial et cela me permet de tisser des liens directs avec des centaines de personnes qui viennent petit à petit m'y rencontrer.

Je me lance également dans les réunions d'appartement. Ce format de comité restreint est très intéressant et totalement gratuit. Les gens m'invitent chez eux, réunissent une trentaine de leurs amis et voisins, et nous échangeons pendant deux heures. Cela me permet de présenter mon projet, de recueillir des suggestions et de répondre aux objections. Je me suis fixé deux règles à l'issue de chaque réunion : remercier mes hôtes et inscrire les personnes que j'ai rencontrées dans mon fichier. Le problème de cette approche, bien qu'elle soit très efficace, est que, pour que cela soit réellement payant électoralement, il faut faire des dizaines de réunions de ce type, voire des centaines. Et qu'il faut, par conséquent, y consacrer toutes ses soirées. Du lundi au vendredi, je multiplie les rencontres, enchaînant, au cours des deux derniers mois de la campagne, deux réunions chaque soir. Au total, j'aurai organisé près de 200 réunions d'appartement qui m'auront permis de rencontrer en petit comité plus de 6 000 personnes, suffisamment pour retourner la situation.

Ces réunions sont devenues le cœur de la campagne. Grâce à elles, une formidable équipe se forme autour de moi pour en intensifier et en professionnaliser l'organisation. Les bénévoles se relaient pour m'accompagner à chaque réunion. Les uns assurent l'organisation avec ceux qui m'accueillent, les autres sont chargés de recueillir les adresses mail des personnes présentes, d'autres encore m'aident à récupérer les avis de ceux qui m'ont écouté pour peaufiner les arguments et intégrer les idées nouvelles. C'est une véritable machine de guerre qui se met en place. Les propositions d'organisation de réunions se multiplient et dès novembre 2007, je sens que la dynamique commence à prendre. Progressivement, je récupère des dons pour financer la campagne, car à l'inverse des candidats investis par les partis politiques, je n'ai droit à aucun financement autre que celui venant des personnes que j'arrive à convaincre du bien-fondé de mon approche.

Mais les médias cassent l'ambiance. La couverture presse qui encense David Martinon décourage progressivement beaucoup de ceux qui me soutiennent. « Tu n'y arriveras pas, ta démarche n'intéresse pas les médias », continuent à me dire plusieurs membres de mon équipe. Bien que la campagne sur le terrain semble plutôt fonctionner, les médias pensent déjà connaître le vainqueur et l'équipe le vit mal. Beaucoup ont l'impression de se mobiliser pour rien car mon nom n'apparaît jamais dans aucun article de presse. L'implication croissante que je leur demande leur paraît de plus en plus vaine. Ma démarche est tout simplement ignorée. L'équipe se décourage. Un article du *Monde* qui me cite, fin décembre 2007, ouvre pourtant une lueur d'espoir. Je ne gagnerai certainement pas, mais j'existe enfin. Ouf ! C'est une première étape qui nous redonne à tous du cœur à l'ouvrage.

Au cours de ce dernier trimestre 2007, les effectifs sont renforcés. Un chef d'entreprise qui avait un peu de temps disponible m'a rejoint pour diriger ma campagne, emballé par l'idée d'une approche « professionnelle » mais hors de toute manœuvre politicienne.

Pour autant, la question de motiver les troupes et de réamorcer la campagne dès janvier 2008 était réelle. Dur de reprendre après les fêtes de fin d'année dans cette ambiance de victoire annoncée pour David Martinon. « À quoi servent tous ces efforts et tous ces sacrifices pour obtenir au mieux deux ou trois sièges au conseil municipal ? », me dit-on régulièrement. Pour tout avouer, moi-même, je commençais à douter… Le temps passé à faire campagne au détriment de ma vie familiale et de ma PME me faisait m'interroger sur le bien-fondé de ma démarche et soulevait quelques problèmes. Plusieurs fois, la fatigue et une profonde lassitude sont venues s'ajouter au découragement naissant.

C'est la raison pour laquelle, mi-janvier 2008, nous prenons la décision, avec Christophe Aulnette, mon « entrepreneur » directeur de campagne, de mettre tout l'argent qu'il nous reste – à peu près 5 000 euros – dans un sondage auprès de l'institut OpinionWay. « Si ça ne décolle pas, on arrête », nous sommes-nous dit. Inutile de perdre davantage de temps si les chances sont si minces. Quinze jours plus tard, les résultats tombent. Surprenant ! Fromantin : 40 % de notoriété et 35 % des intentions de vote ; Martinon 90 % de notoriété et 60 % des intentions de vote. Incroyable ! Le travail de terrain a marché au-delà de toutes nos espérances.

Nous sommes loin encore d'avoir gagné mais la dynamique est de notre côté. Nous nous apercevons de deux choses : nous avons un formidable taux de transformation, car nous convertissons en électeurs potentiels quasiment tous ceux que nous rencontrons. À l'inverse, Martinon n'arrive pas à convaincre et sa notoriété ne se transforme pas en intentions de vote. Cela nous livre également un enseignement intéressant, essentiel même : nous avons été à deux doigts de renoncer à cause de l'insistance et de l'empressement des médias à faire de Martinon un vainqueur, alors même que cela ne correspondait pas à la réalité. Et si le débat politique en général n'était pas conforme au réel ?

La campagne rebondit, mais avec une question à résoudre. Comment doper notre notoriété pour augmenter les intentions de vote ? Car nous avons bien compris qu'il nous fallait gagner une dizaine de points de notoriété pour passer devant Martinon en intentions de vote. Mais nous n'arrivons toujours pas à capter l'attention de la presse et nous craignons que notre rythme de progression soit trop lent pour les deux mois qu'il nous reste avant le premier tour des élections... Nous avons une solution : augmenter notre présence sur le terrain et prévoir une grande réunion publique. Nous introduisons alors une troisième réunion d'appartement chaque jour en fin d'après-midi et demandons à la mairie de nous prêter une salle de 700 places pour la première semaine de février, tout en pensant qu'il nous sera certainement très difficile de remplir cette salle. Nous décidons également de professionnaliser davantage notre organisation interne. Dès les derniers jours de janvier, je transforme ma salle à manger et mon salon en QG opérationnel, nous instituons une réunion matinale quotidienne à 8 h 30 et nous nous convainquons que, puisque nous avons une dynamique d'adhésion, nous allons gagner.

Quand le système politique est en difficulté, il déraille rapidement. Face à notre détermination et à notre enthousiasme, le camp Martinon commence à paniquer, et son véritable directeur de campagne, le président de la République en personne, décide de reprendre les choses en main. Tout s'accélère au cours du premier week-end de février. Un vendredi soir, au cours d'une réunion d'appartement, un des invités, informé grâce à ses relations personnelles avec des journalistes, me conseille d'acheter le *Figaro* du lendemain matin. Je cours l'acheter à la première heure et une information dans la rubrique « Confidentiel » annonce les intentions de vote suivantes : Fromantin 55 %, Martinon 45 %. C'est la stupéfaction ! Nous n'en revenons pas. En quelques heures, la campagne vient de changer de visage. Nous sommes remontés à bloc. Le jour même, les médias envahissent Neuilly en soulignant la première mise en difficulté de Nicolas Sarkozy dans son propre fief, moins d'un an après son élection à la présidence de la République, et les règlements de compte s'enchaînent au sein de l'UMP. Le dimanche, la situation est surréaliste. Des dizaines de journalistes m'attendent sur la place du marché pour commenter cet incroyable retournement de situation, mon téléphone est saturé d'appels et les membres de mon équipe sont sollicitées de tous les côtés. Patrick Devedjian, alors président de l'UMP, m'appelle pour me rencontrer. Je le vois dès le lundi matin et il me demande si je serais prêt à continuer sous les couleurs de l'UMP. Ma réponse est non ! J'accepte son soutien mais il n'est pas question pour moi de transformer cette campagne pleine de sens et de bon sens en projet politique traditionnel avec une investiture qui ne manquera pas de se prolonger par une recomposition de mon équipe. Les choses en restent là et nous convenons, pour calmer l'effervescence médiatique, de faire une conférence de presse commune au cours de laquelle nous annoncerons que l'UMP me soutient, mais qu'il n'y a aucune négociation ni sur le projet ni sur la liste, et qu'il s'agit d'un simple soutien comme j'invite tous ceux qui croient en notre démarche à le faire.

Cette conférence a lieu le mardi matin au siège de l'UMP rue La Boétie, à l'issue d'une commission d'investiture auprès de laquelle je réitère ma position. « Vous pouvez me soutenir mais je refuse l'investiture et il n'y a rien à négocier, ni sur le fond ni sur la composition de la liste. » Dans le même temps, en moins de vingt-quatre heures, Martinon a disparu des écrans radar aussi vite qu'il y était apparu. Dès le dimanche, les mêmes militants qui l'adulaient encore quelques jours plus tôt le chassaient de Neuilly quasiment *manu militari* en l'insultant. Triste épilogue pour un candidat qui faisait malgré lui les frais d'un système sans pitié totalement déconnecté des réalités et qui, dès lors que l'image du parti et l'intérêt de ses chefs étaient en jeu, était prêt à tout.

Le mardi soir, ironie du sort, se tenait ma réunion publique. Alors que quelques jours plus tôt j'appréhendais d'avoir une salle à moitié vide, nous nous retrouvons à gérer une véritable émeute. La salle est archicomble. Des centaines de personnes ne pouvaient pas entrer, nous avons dû fermer les portes du théâtre et demander à la police de nous aider à contenir et à calmer tous ceux qui voulaient assister au meeting. Je n'avais jamais vu autant de journalistes de ma vie. Ma famille est au premier rang, mon équipe m'entoure, je suis en train de vivre un moment incroyable, je présente mon projet pour la ville devant plus d'un millier de personnes et des dizaines de caméras.

« Vous n'y arriverez pas » ?

L'affaire aurait pu en rester là et la campagne aurait pu continuer dans un climat de sérénité. J'étais un candidat indépendant, Divers Droite, libre de toute investiture, mais soutenu par tous les partis de la droite et du centre. C'était compter sans la détermination du chef de l'État, qui, bien qu'il ait a priori d'autres priorités, m'avait convoqué toutes affaires cessantes dès le mercredi à l'Élysée. Après avoir hésité à me rendre à sa convocation, je finis par accepter, sous la pression bienveillante de mon équipe. On me fait entrer discrètement par le fond du parc de l'Élysée. Je traverse tout le parc escorté par des policiers. Et quelques minutes plus tard, je me retrouve face à Nicolas Sarkozy, dans son bureau de président de la République, en présence de Claude Guéant et de mon directeur de campagne Christophe Aulnette. Je suis très impressionné ; c'est la première fois de ma vie que j'entre au palais de l'Élysée pour me retrouver face au président de la République. La discussion commence de façon très cordiale, mais l'échange se tend très rapidement. Nicolas Sarkozy est très remonté contre la position de Patrick Devedjian qui a choisi de m'accorder un soutien sans conditions. Ses demandes sont tout autres. Elles sont très claires. Il me promet son appui personnel, m'assure d'une belle victoire à la mairie de Neuilly, me dit que je ferai certainement aussi un très bon député, mais… me demande en contrepartie d'intégrer l'UMP, de prendre son fils Jean sur ma liste et d'y ajouter une dizaine d'autres noms parmi ses amis à Neuilly. Ces demandes sont bien entendu inacceptables pour moi car elles sont l'exemple même du comportement politique que je dénonce : le projet est plus important que les partis, les compétences l'emportent sur les amis. Je refuse tout net, m'attirant aussitôt les foudres du président de la République. « Comment peut-on refuser une telle proposition ? Vous ne pouvez pas gagner sans nous ! Comment peut-on me refuser ça, à moi qui ai tant donné à la ville ? » Etc. Pendant plusieurs longues minutes, je dois encaisser les reproches, les oukases et les marques d'incompréhension. Tout au long de ces longues minutes, je me dis, en mon for intérieur, que nous n'avons décidément pas le même regard sur la politique. Mais je suis libre, si libre que le Président ne m'impressionne pas et que chaque argument qu'il me donne me convainc davantage encore du bien-fondé de ma démarche. Je finis par lui répondre : « Peu importe, monsieur le Président, je n'ai pas peur de perdre, je n'ai jamais rêvé de faire de la politique et je tiens profondément à ce que ma démarche reste inspirée par un projet pour la ville. » Quant à sa demande de prendre ceux de sa famille ou de ses amis sur ma liste, au-delà de l'argument sur les compétences, je lui réponds qu'« il est hors de question de trahir ceux qui me soutiennent depuis le départ, alors que personne n'aurait parié un seul centime sur la réussite de ma démarche ». Là aussi, en mon for intérieur, je pense, en lui disant cela, à tous ceux qui construisent une perspective politique sur fond de renoncement à leurs convictions, de trahison de leurs amis ou qui font passer leur propre intérêt avant celui de leur projet ou de leur territoire. La politique, quand elle se construit sur de tels comportements, a-t-elle un sens ?

J'accède malgré tout à sa demande de prendre les vingt-quatre heures de réflexion pour me libérer de ce rendez-vous sous très haute tension. Je sors épuisé mais heureux de ne pas avoir cédé d'un pouce face au premier personnage de l'État. Le soir même, invité par LCI au Journal de 20 heures, je réalise que ma conversation avec le président de la République est connue de toute la presse et que les journalistes sont convaincus que, soit j'ai déjà accepté ses exigences, soit je m'apprête à les accepter dans les heures qui viennent. Compte tenu de ces fuites, je ne me sens plus tenu par aucun délai et j'annonce le soir même que ma réponse est définitivement *non* à toutes les demandes qui m'ont été faites par Nicolas Sarkozy. Je continuerai ma campagne sur les mêmes bases, et si la pression est trop insistante, je n'hésiterai pas à récuser le soutien de l'UMP. Face à ma détermination, j'ai l'impression que le message a été reçu. Je pense alors que les choses vont se calmer pour le reste de la campagne. Mais c'est méconnaître la résilience des « politiciens » professionnels. Deux jours plus tard, le président de la République recevait à l'Élysée, de façon officieuse mais très visible afin de l'encourager, un de mes opposants à Neuilly, cadre de l'UMP local, ancien adjoint et chargé de mission à la présidence de la République. Un nouveau « Martinon » mieux ancré localement annonçait sa candidature contre la mienne, pour éviter de « laisser les clés de la ville à un inconnu ». En quelques jours, la machine avait redémarré mais avec de nouvelles armes.

Chaque jour de nouvelles rumeurs se propageaient dans la ville contre moi, faisant douter la population du sens de ma démarche. « Son entreprise est en faillite. » « C'est un antisémite. » « Il ne s'occupe pas de sa famille. » Ces attaques violentes étaient quotidiennes et nourries par des documents bidon, des montages photographiques à charge et des faux témoignages sortis de nulle part. Les coups font mal, d'autant plus qu'ils touchent tout ce que j'ai de plus cher : ma famille, mes convictions, mon entreprise. La nouvelle équipe adverse bénéficiait de moyens de propagande exceptionnels. Je découvre ce que l'on appelle faire de la politique de façon « professionnelle ». Il n'y a plus aucune éthique. Impressionnant. La campagne devenait difficile et l'enthousiasme qu'aurait dû générer la perspective d'une victoire probable était largement entamé par l'impact psychologique de toutes ces attaques et l'énergie que nous devions déployer pour y répondre. Je sentais combien cette perspective de victoire dans une ville aussi emblématique déchaînait les foudres d'un « système » politique qui ne pouvait accepter qu'un inconnu issu de la société civile, ni énarque ni relié à aucun réseau et par conséquent totalement libre, puisse réussir.

Nous n'avons rien lâché. Nicolas Sarkozy était en retrait, mais une partie de sa famille dont sa mère était au premier rang des meetings de mon nouvel adversaire pour montrer qui était son candidat de cœur. D'ailleurs, compte tenu de la mobilisation et des moyens mis en œuvre, je ne doute pas qu'il pilotait l'affaire directement avec ses « amis » dans les Hauts-de-Seine. Les réunions d'appartement ont continué jusqu'au dernier jour de campagne ; je consacrais 100 % de mon temps au terrain. Le soir du premier tour, mon score était de 48 % contre 32 % pour mon adversaire ; le soir du deuxième tour je gagnais avec 62 % des voix contre 38 % pour les « sarkozystes ». J'étais totalement épuisé, mais fier et heureux d'avoir fait bouger les lignes. Quelques jours plus tard, j'étais élu maire de Neuilly-sur-Seine et je prononçais mon premier discours dans la salle du conseil municipal.

Si je raconte l'histoire de mes premiers pas en politique, ce n'est pas pour faire de cette expérience un fait de gloire personnel, ni pour prendre une quelconque revanche, mais tout simplement parce qu'elle me laisse témoigner de la possibilité de réussir et d'agir autrement. Elle permet de battre en brèche le sentiment de résignation qui nous amène collectivement à ne pas nous engager en politique au prétexte que cet univers serait totalement verrouillé. Si nous n'avions pas été quelques-uns à faire le pari que le projet pour Neuilly était plus important que l'avenir politique de David Martinon ou de Jean Sarkozy, la ville serait restée un instrument au service d'une poignée d'initiés qui se seraient réparti les postes et les carrières. Or, ce qui vaut pour Neuilly vaut pour tous les territoires.

Cette campagne incarnait à elle seule ce qui provoque le renoncement – parfois même le rejet – des Français vis-à-vis de la politique : elle était gérée par un parti motivé par le reclassement de ses cadres, de ses amis et du fils de son chef ; le « parachuté » était un énarque, pur produit de cette technocratie élitiste qui gouverne la France ; les médias avaient choisi leur candidat puisqu'il appartenait déjà aux hautes sphères du pouvoir. Bref, cette campagne symbolisait la disjonction entre les intérêts de la ville et ceux du parti. Comment les Français pouvaient-ils cautionner une démarche si éloignée de leurs préoccupations qui ne leur laissait aucune possibilité de s'intégrer dans le débat politique ?

Ces expériences électorales m'ont prouvé que le projet, les convictions et l'engagement valent bien plus que toutes les « étiquettes » politiciennes. Que nos compatriotes sont lassés et rassasiés de slogans sans lendemain, d'éléments de langage convenus et de promesses non tenues. Qu'ils s'intéressent aux projets et à l'avenir. Que la politique peut heureusement susciter de l'intérêt et de l'enthousiasme pour autant que l'on parle des vrais sujets et que l'on fasse preuve de pédagogie, mais aussi d'audace et de créativité.

La politique peut être synonyme de bonnes nouvelles, à condition que les sujets qu'elle aborde soient ceux qui intéressent les Français, qu'ils soient exprimés clairement, qu'ils soient l'objet d'engagements courageux et que l'on soit en mesure de les incarner avec une équipe et des talents. Ces scrutins m'ont convaincu que les Français attendent que l'on fasse de la politique autrement, de façon professionnelle mais sans devenir des professionnels de la politique.

Je suis la preuve même que c'est possible ! La balle est dans votre camp pour qu'il en soit de même avec vous !

– 2 –

Ne privons pas la France des talents des Français

L'expérience politique que j'ai acquise à chaque scrutin et dans l'exercice de mes mandats m'a aussi prouvé que le « système » politique, dont beaucoup disent qu'il est structurellement hermétique à la société civile, ne l'est probablement que parce que nous refusons de prendre nos propres responsabilités. Ce « système » n'est pas tant verrouillé par ceux qui l'occupent que par ceux qui ont renoncé à l'occuper, privilégiant leur confort, laissant la politique aux autres, fuyant parfois leur devoir, pensant ne pas être à la hauteur, préférant la critique à l'engagement, abandonnant à quelques-uns le monopole de l'action publique et privant ainsi la France de leurs talents.

La société française serait-elle en train de devenir incivique jusqu'à se désintéresser à ce point de son avenir ?

Je suis toujours surpris, au hasard des « tractages », à l'occasion des campagnes électorales ou lors de simples rencontres ou de conversations avec des amis, d'entendre certains me dire – avec parfois une distance un peu hautaine – « La politique, ça ne m'intéresse pas », considérant qu'ils n'ont rien à voir avec elle, que leurs talents méritent mieux, réduisant la politique à un simple système de pouvoir réservé à quelques ambitieux plus ou moins honnêtes, et oubliant que le véritable enjeu de l'action publique nous concerne tous.

Je suis tout aussi gêné lorsque j'en rencontre qui – au sein de cercles de réflexion politique ou de groupes d'entrepreneurs, plus réformateurs les uns que les autres –, souvent très sûrs d'eux, donnent de grandes leçons sur les décisions à prendre pour redresser la France, sans pour autant vouloir s'engager sur le terrain. Dans un cas comme dans l'autre, j'ai envie de leur dire que malheureusement la politique de comptoir, de salon ou des cercles intellectuels ne suffira pas à faire bouger la France. À tous ceux-là, en priorité, j'ai envie de dire : « Chiche ! Pourquoi pas vous ? Pourquoi ne pas vous engager ? Si vous croyez vraiment à vos idées, pourquoi ne pas essayer de les mettre en œuvre ? » Car les plus prompts à critiquer et à reprocher aux autres toutes les difficultés du pays sont souvent les mêmes qui rechignent à se mobiliser.

Ce refus de s'engager est un véritable problème pour la France. Il réduit le champ de l'action politique aux seuls professionnels de la politique, privant le pays des talents dont il a besoin pour évoluer et se réformer.

Dans la plupart des villes, des départements ou des Régions, mais surtout dans les assemblées parlementaires, le personnel politique est beaucoup trop uniforme. Dans beaucoup de collectivités, les listes électives sont directement composées par les partis politiques, qui assurent leur propre influence et leur avenir en plaçant ou en parachutant ceux qui sont les plus fidèles au parti ou qui appartiennent à telle ou telle écurie. C'est ainsi que de nombreux exécutifs de collectivités locales sont composés selon un dosage subtil entre les lignes politiques incarnées par les leaders nationaux ou régionaux des partis. C'est une priorité car c'est une condition nécessaire à leur prospérité. Les compétences sont reléguées au rang des sujets accessoires. Ce qui compte, c'est que soient représentés les courants, les motions ou les écuries qui structurent les jeux d'influence à l'intérieur même des partis politiques. Sans hésiter, le cas échéant, à parachuter quelqu'un – on l'a vu –, non pas pour doter le territoire d'une compétence qui lui fait défaut, mais pour assurer la carrière de celui qui a besoin de se trouver un point de chute. Combien d'appels n'ai-je pas reçu alors que je préparais mes listes aux municipales pour me demander de prendre tel ou tel militant qui représentait tel ou tel leader politique et qui avait besoin d'un mandat électif pour construire sa carrière et son parcours personnel ? Le Parti socialiste est champion du monde dans cet exercice. D'après une étude du Cevipof évoquée dans le livre de

Jérôme Sainte-Marie[1], sur un échantillon de 11 000 adhérents du Parti socialiste, 44 % ont soit un mandat électif, soit un emploi auprès d'un élu ou d'une collectivité. Ils sont ainsi personnellement intéressés par l'avenir du parti. Cela montre le fonctionnement d'un système qui ressemble davantage à une « communauté d'intérêt » et dont le militantisme se confond avec les carrières et les emplois.

Quand les intérêts politiques et professionnels sont si intimement entremêlés, le risque est grand d'assurer d'abord les carrières de ceux qui en sont les principaux acteurs au détriment des compétences nécessaires. Les autres grands partis n'ont rien à envier au PS. Ils participent également à ce système qui leur permet de préempter la plupart des postes et de fonctionner ainsi en vase clos. Si on ajoute à cela le système de financement public des partis politiques et les règles de communication pour l'accès aux radios et aux chaînes de télévision qui, l'un comme les autres, privilégient les structures établies, on voit bien

1. Jérôme Sainte-Marie, *Le Nouvel Ordre démocratique*, Éditions du Moment, 2015.

la quasi-exclusivité dont jouissent les partis politiques dans le débat national. Si l'on ajoute enfin la règle non écrite, mais très largement pratiquée, qui consiste à laisser la priorité des investitures au sortant, voire au perdant de la dernière élection, on a toutes les conditions d'une sédimentation de la vie politique. On comprend bien que toutes ces facilités ne les encouragent pas à renouveler les profils, ni à mobiliser des talents dont le pays a besoin.

Le renouvellement perpétuel des mandats qui amène certains élus à faire carrière toute leur vie dans la politique est un véritable fléau qui renforce ce fonctionnement en vase clos. C'est le cas des élus qui enchaînent jusqu'à cinq ou six mandats pendant trente ou quarante ans, privant la France du renouvellement des talents dont elle a besoin. Cela m'avait amené, lors de la loi sur le non-cumul des mandats, à intervenir dans le débat parlementaire pour rappeler que le véritable problème n'était pas tant le cumul des mandats que le renouvellement perpétuel des mandats. Et que la loi que nous devions proposer aurait mieux fait de privilégier le non-cumul des mandats dans la durée plutôt que celle, totalement inutile, qui consiste à réduire le nombre de mandats, ce que beaucoup de « professionnels » de la politique auront vite fait de contourner en cumulant différentes fonctions. En attendant une véritable réforme institutionnelle, c'était la principale mesure à prendre pour mettre de l'oxygène dans la vie politique.

« Faire de la politique », au sens premier du terme, devrait d'abord consister à élaborer un projet puis à réunir une équipe compétente pour le mettre en œuvre, c'est malheureusement trop rarement le cas. « Faire de la politique » consiste le plus souvent à savoir naviguer dans les réseaux, à trouver sa place dans les partis, à construire son propre système d'influence et sa propre capacité de nuisance. Quelle place reste-t-il pour les compétences ?

À l'Assemblée nationale, le profil type des députés est très standard. La plupart sont issus de la fonction publique, ils ont été formés à Sciences Po et appartiennent, pour les plus influents, aux grands corps de l'État ; d'autres sont issus du monde syndical ou associatif ; d'autres enfin viennent des équipes parlementaires des députés, en glissant naturellement vers un mandat électif. Si les talents de la plupart de ces hommes ou de ces femmes ne sont pas discutables, l'uniformité de leurs profils est en revanche un handicap pour la France. Car ils ne représentent qu'une toute petite partie des compétences dont notre pays a besoin pour se développer. Ils sont au mieux des experts de la fonction publique, au pire des « professionnels » de la politique, mais dans un cas comme dans l'autre, ils n'ont pas ou peu d'expérience concrète dans d'autres domaines. Où sont les entrepreneurs, les artisans, les agriculteurs, les jeunes, les cadres, les ouvriers, les chercheurs, les journalistes, les artistes ou les employés ? Où sont ceux qui comprennent les problèmes des Français pour les avoir réellement vécus ? Où sont ceux qui font la France au quotidien ou qui préparent son avenir ? Où sont ceux qui comprennent la mondialisation pour l'avoir pratiquée sur le terrain, au plus près des enjeux auxquels notre pays est confronté en Chine, aux États-Unis, au Brésil ou ailleurs ?

Lorsque je suis arrivé à l'Assemblée nationale, j'ai été surpris de croiser aussi peu d'entrepreneurs qui, comme moi, avaient vécu la réalité de la création d'entreprise. Nous n'étions qu'une petite vingtaine sur 577 parlementaires à connaître de l'intérieur ce qu'est l'entreprise. Nous n'étions que quelques-uns à avoir été confrontés aux difficultés commerciales, fiscales, réglementaires ou financières d'une entreprise. Et dans ce domaine en particulier, alors que tout le monde s'accorde à dire que l'entreprenariat est au cœur des enjeux que la France doit relever pour inverser la courbe du chômage, comment peut-on raisonnablement croire qu'on y arrivera quand si peu de parlementaires ont l'expérience de l'entreprise ? Quand ces mêmes parlementaires engagent le débat avec le ministre de l'Emploi ou celui de l'Économie, qui ni l'un ni l'autre n'ont l'expérience de ce qui fait le quotidien d'un entrepreneur ? Comment peut-on encore croire que tout cela est très sérieux ? Ce qui est vrai pour l'entreprise l'est également dans tous les autres domaines qui font la France. Où sont ceux qui vivent la France au quotidien ? Cette Assemblée nationale, que nous appelons encore la « représentation nationale », est-elle le reflet de la France telle qu'elle existe ou n'est-elle que la projection des partis politiques ? Est-elle réellement représentative de la nation et de ceux qui y vivent ? La nuance est de taille et la question est fondamentale. Car quand les partis politiques sont si décriés et qu'ils ne représentent plus que quelques dizaines de milliers de militants personnellement intéressés au succès du parti auquel ils appartiennent, on doit s'interroger sur la pertinence de notre représentation nationale.

Regardons les résultats des élections. Quand on prend en compte le niveau d'abstention, quand on y ajoute les scores du Front national, on se rend compte que l'ensemble des partis représentés à l'Assemblée nationale n'est plus que l'expression d'à peine 35 % du corps électoral français. Si on considère le fait que ceux qui nous gouvernent ne représentent que la moitié de ces 35 %, c'est-à-dire environ 17 %, on s'aperçoit que la représentation de la France et sa gouvernance sont loin d'être le reflet d'une dynamique massive et populaire. Et on est alors en droit de s'interroger sur la réalité de cette représentation nationale et sur son efficacité. Représenter la France aujourd'hui suppose réellement que « tous ceux qui font la France » soient représentés à l'Assemblée nationale afin de faire bénéficier notre pays de toute leur expérience. Cela ne dépend pas des partis politiques, mais de notre propre détermination à nous engager.

Ce sujet ne serait pas aussi sensible si la situation de la France n'était pas celle qu'elle est, avec sa dette, son chômage, sa rigidité et ses déficits. Ou si, conscients des enjeux, les acteurs politiques avaient lancé les réformes nécessaires à l'évolution de notre pays. Mais ce n'est malheureusement pas le cas. Et comment peut-on lancer des réformes audacieuses quand on gouverne avec moins de 20 % du corps électoral d'un pays ? Cette réalité est probablement un des principaux points de blocage de notre pays, car elle exprime cruellement la très faible confiance vis-à-vis des hommes politiques et elle ne leur donne pas la légitimité suffisante pour agir.

Les partis politiques ne retrouveront la confiance des Français que s'ils acceptent de s'ouvrir à eux. Sinon le renouveau s'opérera en dehors des partis, avec tous ceux qui se mobiliseront pour donner un nouvel élan à la France.

En ce qui me concerne, ce n'est pas tant contre les professionnels de la politique que je me suis mobilisé, mais sur l'idée d'entreprendre ce renouveau avec des idées nouvelles. Comme beaucoup de mes concitoyens, je doute de plus en plus de ceux qui préemptent tous les postes et qui n'en font rien, de ceux qui font des promesses qu'ils ne respectent pas, de ceux qui disent qu'ils vont agir et qui, par manque de courage, ont laissé progressivement l'état de la France se détériorer, ou de ceux qui instrumentalisent nos territoires et la France uniquement pour servir leurs propres ambitions. Mais « être contre » ne mène pas bien loin. Se mobiliser pour la France, fort des talents des Français, est une perspective beaucoup plus motivante. C'est celle qui met en mouvement les entrepreneurs et tous ceux qui partagent un idéal au-delà de leur propre personne.

« Les projets, tout le monde s'en fout ! », m'a un jour lâché un collègue parlementaire du groupe UDI à l'Assemblée nationale. Cette phrase en dit long sur la priorité de certains hommes politiques à privilégier leur carrière plutôt que leur pays.

La France a un besoin urgent de nous tous. Elle a besoin des talents et de l'expérience de chacun. Quand je réunis chaque année des entrepreneurs à l'Assemblée nationale pour travailler ensemble sur la loi de finances, j'entends des idées nouvelles et je rêve de cette France qui progresse, qui innove et qui ose. Le débat doit s'ouvrir au-delà des professionnels de la politique. La France ne doit pas rester enfermée dans ce système clanique et pyramidal des partis politiques qui la prive des talents dont elle a besoin. Je suis intimement convaincu que ce qui m'anime est largement partagé par beaucoup d'entre nous. Dans une étude récente, 78 % des Français déclaraient être prêts à voter pour un candidat non affilié à un parti politique[1]. Même si nous avons tous une appréhension à nous lancer dans l'arène politique pour défendre nos idées, mobilisons-nous et mettons nos talents au service de la France. Car si nous avons ce formidable avantage de ne rien attendre de la politique et de partager cette envie de servir la France, il est alors de notre devoir de nous engager.

1. Étude Elabe pour Atlantico, réalisée les 16 et 17 février 2016 auprès de 1 000 personnes, et publiée le 21 février 2016.

Et c'est possible ! Mon expérience politique m'apporte tous les jours la preuve que, lorsqu'on interpelle des Français positivement, sincèrement, pour faire avancer les choses, ils répondent présent. Peu d'entre nous ont envie d'aller courir les meetings politiques pour agiter des drapeaux et crier à la gloire d'un homme providentiel autoproclamé ; mais beaucoup d'entre nous sont prêts à donner du temps pour faire avancer une cause juste, un projet pertinent ou une action au service des autres. La meilleure preuve est le succès des initiatives associatives, qui montrent bien que l'engagement politique n'est pas un problème de disponibilité ni de volonté, mais de sens et d'audace. Environ 14 millions de Français sont engagés dans des associations pour participer à l'action publique dans le domaine du sport, de la culture, des loisirs, de l'éducation, du social ou de l'humanitaire. Formidable ! Mais n'oublions pas que la première des actions publiques, c'est l'action politique, et qu'elle nous concerne tous. Je suis convaincu qu'elle peut encore mobiliser, avec le même désintéressement et la même liberté, des milliers de Français. À chaque élection locale, parce que le sujet était concret, j'ai trouvé sans difficulté les compétences dont j'avais besoin. Certains travaillaient sur les idées, d'autres se mobilisaient sur le terrain ou relayaient massivement les projets auprès de leurs amis. Dans ma mission parlementaire, à de multiples reprises, j'ai mobilisé des Français pour m'aider à travailler sur des sujets aussi divers que la fiscalité des entreprises, le permis de conduire ou la réforme territoriale. À chaque fois, j'ai reçu des dizaines de contributions pour m'aider et pour travailler sur des propositions.

Lorsqu'en 2010, à mon retour de l'Exposition universelle de Shanghai, j'ai lancé l'idée d'une candidature de la France à l'Exposition universelle de 2025, des centaines d'étudiants, mais aussi des entreprises, des PME, des universités, des élus de droite comme de gauche et des milliers de Français ont mis leurs talents au service de ce projet. Je garde un souvenir extraordinaire de tous ces jeunes qui pendant des mois ont revisité avec un formidable enthousiasme l'histoire des Expositions universelles pour modeler un projet moderne et innovant à la hauteur des ambitions de la France. Je me souviens de l'émotion qui se dégageait quand ils parlaient avec tant de fierté et d'ambition de l'avenir de notre pays. Le dénominateur commun à toutes ces mobilisations, c'est la volonté d'agir au service de la France. Nous ne sommes condamnés à l'immobilisme et à la résignation de nos concitoyens que si nous n'avons pas de projets à leur proposer. Nous mobiliserons les Français – qui offriront/apporteront à la France leurs talents – si nous fixons un cap et, surtout, si nous faisons preuve d'audace et d'ambition pour notre pays.

Le 20 janvier 1961, lors de son discours d'investiture, John Fitzgerald Kennedy interpellait les Américains avec cette phrase emblématique : « Vous qui, comme moi, êtes américains, ne vous demandez pas ce que votre pays peut faire pour vous, mais demandez-vous ce que vous pouvez faire pour votre pays. Vous qui, comme moi, êtes citoyens du monde, ne vous demandez pas ce que les États-Unis peuvent faire pour le monde, mais demandez-vous ce que vous pouvez faire pour le monde. »

N'est-il pas temps, pour nous aussi, de nous poser la question en ces termes et de nous interroger sur ce que nous pouvons faire pour la France ?

– 3 –

2017, allons-y ! C'est le moment !

En 2007 – année d'une élection présidentielle, il y a déjà près de dix ans –, rappelez-vous ! Une crise financière annonçait un tsunami économique mondial à cause du surendettement des ménages, des banques et des États. L'arrivée de l'iPhone préfigurait un nouveau paradigme technologique aux effets inimaginables sur l'économie traditionnelle. L'assassinat de Benazir Buto au Pakistan, première femme élue démocratiquement dans un pays musulman, laissait déjà entrevoir la montée en puissance de l'islamisme radical. La grippe aviaire annonçait les premiers dérèglements sanitaires liés à la mondialisation ; et, dans ce contexte de grande mutation, un nouveau président de la République était élu en France sur une promesse plus que jamais de circonstance, celle d'une « rupture ». Rupture avec la politique « politicienne » qui entravait les réformes nécessaires, mais aussi rupture avec les courbes du chômage, des déficits et de la dette, qui, les unes comme les autres, ne cessaient de prospérer. 2007 était probablement une de ces années charnière dont l'actualité mettait cruellement en lumière à la fois l'envergure des enjeux, la complexité de la situation et l'urgence des solutions, et qui donnait de solides arguments pour faire preuve de courage et pour agir. Elle suscitait, à juste titre, une véritable attente de renouveau. Elle suscitait une espérance.

Si je me suis engagé à Neuilly en mai 2007, subitement, dans les jours qui ont suivi l'élection présidentielle, sans avoir jamais imaginé prendre de responsabilité politique, c'est à la fois parce que j'espérais cette rupture et parce que je me suis aperçu que la candidate aux couleurs de Nicolas Sarkozy, dans ma circonscription, incarnait les valeurs inverses de celles que celui-ci avait défendues bec et ongles au cours de sa campagne. En mars 2007 à Tours, à quelques semaines du premier tour des présidentielles, Nicolas Sarkozy m'avait marqué en proclamant avec force : « Je crois davantage au courage, aux convictions et à l'engagement qu'aux étiquettes ! » Bravo, j'approuve. Mais, trois mois plus tard, une fois qu'il a été élu président de la République, je me suis rendu compte que ce n'était qu'un slogan, qu'une belle phrase dans un discours de campagne ! Car une fois élu président de la République, à l'occasion des élections législatives dans la circonscription dont il avait été député pendant plus de vingt ans, il n'était plus question de courage, de conviction, ni d'audace. Les étiquettes reprenaient leurs droits. Dans la 6e circonscription des Hauts-de-Seine, celle de Neuilly-Puteaux, Nicolas Sarkozy choisissait d'investir une candidate dont le profil ne correspondait ni avec son engagement de faire de la politique autrement, ni avec ses promesses de rupture, ni avec la tonalité de son discours de campagne. Régulièrement citée dans la presse pour de sombres affaires d'argent, adepte de la politique en famille, fonctionnant sur le clientélisme, la candidate investie par l'UMP était l'antithèse du discours prononcé à Tours. La fameuse rupture cédait vite face à la réalité des pratiques « politiciennes ». Là où Nicolas Sarkozy appelait à privilégier les compétences, il préférait le clientélisme ; là où, face à des millions de Français, il avait laissé espérer un signe de renouveau, je m'apercevais une fois de plus que la parole politique cédait la place, dès le lendemain du scrutin, aux arrangements les plus politiciens. Et s'il était capable d'un tel comportement auprès de ses électeurs les plus fidèles, dans une circonscription aussi emblématique, celle du président de la République française, qui devrait avoir valeur d'exemple, alors on pouvait douter de la sincérité de sa parole vis-à-vis de l'ensemble des Français. Ce scrutin était particulièrement important pour moi car c'était celui à l'occasion duquel l'aînée de mes quatre enfants allait voter pour la première fois. Je ne pouvais pas me résoudre à ce qu'elle vote pour cette candidate au profil si éloigné de mes convictions et de ce que j'attends de la politique. Notre jeunesse attendait autre chose. Alors que faire ? Se résigner, critiquer, réagir ou se présenter ? Et si c'était moi ? Je me suis lancé. J'ai choisi cette option car – bien que de tels comportements soient devenus la règle pour tous les partis politiques, de gauche comme de droite, bien qu'ils ne surprennent plus beaucoup de Français, je ne pouvais plus accepter un tel mépris dont les conséquences pour la France sont de plus en plus dramatiques. Quatre semaines avant le scrutin, quelques heures avant la clôture du dépôt des candidatures, je suis devenu candidat aux législatives dans la 6e circonscription des Hauts-de-Seine. Mon voisin de palier a accepté de devenir suppléant ; nous avons rédigé une lettre d'intention, déposé nos formulaires à la préfecture des Hauts-de-Seine et démarré la campagne avec de très petits moyens. Pour expliquer ma motivation, j'ai inscrit dans le haut de mon affiche ce slogan de Nicolas Sarkozy : « Je crois davantage au courage, aux convictions et à l'engagement qu'aux étiquettes. » Beaucoup d'électeurs ont entendu le message. Bien que la candidate de l'UMP ait gagné dès le premier tour, j'ai réalisé plus de 11 %, dont 14,71 % à Neuilly. Un signal encourageant que je n'allais pas oublier.

Ce scrutin a été mon premier « coup de gueule » ; il a marqué mon entrée dans ce monde politique. Quelques mois plus tard, le parachutage de David Martinon à Neuilly me donnait une nouvelle occasion de dénoncer la méthode et de m'engager. Décidément, Nicolas Sarkozy avait réussi à faire à Neuilly le contraire de ce qu'il avait annoncé. C'est à lui que je dois mon engagement politique...

Aujourd'hui, en 2016, je ressens la même ferveur et j'ai envie de la partager avec tous les Français qui reconnaissent comme moi que l'état de la France doit nous pousser à réagir. Car en regardant bien, après deux quinquennats de droite puis de gauche, non seulement rien n'a changé, mais les comportements restent les mêmes et la situation du pays s'est nettement détériorée.

La dette continue à grimper pour se rapprocher des 100 % du PIB et entame sérieusement la souveraineté financière et budgétaire de notre pays ; les déficits sont toujours là et nous reportons d'année en année l'engagement d'un retour à l'équilibre ; l'islamisme radical a semé la terreur jusque dans nos murs et nous sommes incapables, au-delà des mesures d'urgence, de traiter le problème à sa racine ; nous n'arrivons pas à compenser les effets que produisent les technologies de rupture sur l'industrie et sur l'emploi avec un risque sérieux d'accélération de la désindustrialisation et de nouvelle désertification de la France ; nos parts de marché continuent à dégringoler, avec des conséquences de plus en plus graves sur le chômage qui s'inscrit durablement au niveau que nous connaissons aujourd'hui et qui passe la barre des 6 millions toutes catégories confondues ; les comportements des partis politiques n'ont pas changé et la confiance continue à se déliter pour atteindre des niveaux inégalés ; les Français doutent de plus en plus de la capacité des « professionnels » de la politique à remettre la France sur les bons rails... Il ne serait malheureusement pas difficile de poursuivre cette liste dans tous les domaines essentiels. Or, malgré tous ces échecs, malgré les défauts d'anticipation et la faiblesse des réformes, nous nous apprêtons à rejouer des élections présidentielles de 2017 avec les mêmes acteurs, les mêmes slogans et les mêmes idées, avec, dans les rôles principaux, ceux qui depuis trente ans ont échoué. Comme si tout allait bien et que les promesses non tenues d'hier et d'avant-hier avaient davantage de chances de l'être demain.

Où est le renouveau ?

Face à de tels constats, les questions que chacun d'entre nous a le devoir de se poser – sauf à être totalement naïf – sont finalement assez simples : devons-nous encore faire confiance à ceux qui depuis près de trente ans, au sein des partis de droite comme de gauche, nous ont conduits dans une telle situation ? N'est-il pas temps de reprendre les choses en main ? Comment pouvons nous changer la situation et enfin inscrire notre pays dans une perspective d'avenir ?

La réponse à la première question est malheureusement assez simple. Il suffit de faire le bilan, de regarder les chiffres et de voir, de façon quasi indifférenciée, que les partis de gauche comme de droite n'ont pas réussi à mettre la France sur les rails de son avenir : on traite le chômage avec des subventions ou des emplois aidés plutôt que de s'attaquer à la compétitivité des entreprises et à la rigidité du marché du travail ; on ne propose aucune de ces réformes structurelles qui permettraient d'alléger de façon significative la charge de la dépense publique sur les entreprises et les ménages ; on multiplie les microréformes des collectivités locales qui ne réduisent jamais ni la complexité ni les coûts du mille-feuille territorial ; on laisse prospérer des régimes inéquitables entre les salariés du public et ceux du privé ; on continue à faire des prévisions de recettes toujours trop optimistes et des prévisions de dépenses toujours trop pessimistes ; on reste le pays dont le ratio efficacité/coût des politiques publiques est systématiquement et comparativement plus faible que dans les autres pays de l'OCDE à cause d'une technocratie lourde et inefficace. Les réformes sont erratiques, timides et les résultats sont dramatiques : 44 % des demandeurs d'emploi sont des chômeurs de longue durée, la croissance est de plus en plus poussive et inférieure à celle des pays comparables au sein de la zone euro, la dépense publique est la source de déficits abyssaux et la France s'entête dans une suradministration complexe et inefficace. Mais, ce qui est le plus grave, c'est que nous maintenons la tête hors de l'eau en enfonçant chaque année de plus en plus profondément celle de nos enfants, qui paieront très cher notre égoïsme, notre indifférence et notre manque de courage. Si nous persistons dans ce déni de réformes, ils ne disposeront plus d'aucune marge de manœuvre pour rattraper le retard et bénéficier des atouts de notre pays. Nous ne pourrons pas dire que nous ne savions pas. Il n'y a pas une semaine sans qu'un livre, un rapport, une thèse ou un article ne traite de ces données, de ces chiffres et de tous ces indicateurs annonciateurs de déclin pour notre pays. Nous les connaissons, ils nous inquiètent, mais rien ne change. Aussi mon propos n'est pas d'ajouter une contribution à toutes ces analyses, mais plutôt de dire « stop » !

Pour ma part, je ne fais plus confiance à tous ceux qui ne tiennent pas leurs promesses. Et je constate que je ne suis malheureusement pas le seul : quand plus de 80 % des Français disent ne plus faire confiance aux hommes politiques ; quand près de 90 % des jeunes pensent que les hommes politiques sont corrompus ; quand 66 % des 18-24 ans se sont abstenus d'aller voter au premier tour des élections régionales en 2015 ; quand les partis « traditionnels », droite et gauche confondues, mobilisent à peine 35 % du corps électoral à chaque élection ; et quand des millions de Français en sont réduits à penser que le FN est une voie alternative crédible, comment peut-on persister à imaginer l'avenir avec ceux-là mêmes qui génèrent autant de discrédit et qui n'ont pas réussi à redresser la France ?

C'est le moment de nous mobiliser parce que tous ces sujets politiques, économiques, institutionnels ou géopolitiques arrivent à une étape où il faut décider… et agir.

C'est le moment de nous mobiliser parce que nous ne pouvons pas reporter éternellement les mesures à prendre.

Nous ne pouvons pas prendre le risque que l'échéance de 2017 soit à nouveau préemptée par un microcosme politicien au bénéfice des carrières de quelques-uns. Nous ne pouvons pas non plus priver la France de la diversité de nos talents, ni de notre capacité à enclencher collectivement une spirale positive de confiance, d'audace et d'espérance.

– 4 –

Quelques principes avant de s'engager

Il y a quelques jours, une personne m'interpellait dans la rue en me demandant comment j'avais pu gagner toutes ces élections contre un système politique qui n'a pas l'habitude de se laisser doubler.

« En un mot, monsieur le Député, comment fait-on pour gagner ? »

« Dites la vérité, soyez sincère et agissez avec courage ! », lui ai-je répondu. Car je crois réellement que l'engagement politique ne vaut que s'il s'appuie sur quelques principes élémentaires qui relèvent d'avantage du sens du bien commun que de la tactique politicienne.

C'est la raison pour laquelle – préalablement aux mesures qu'il convient de mettre en œuvre – il me semble nécessaire que nous partagions d'abord une éthique. C'est le sens de cette question essentielle que nous devons nous poser : *Sur la base de quels principes sommes-nous prêts à nous engager ?*

Si nous voulons faire des réformes de structure, **le premier de ces principes** consiste à reconnaître la nécessité d'une approche sur le moyen et le long terme. Le véritable temps politique, celui des projets et des transformations durables, doit s'affranchir du rythme des échéances électorales et de l'instantanéité du débat médiatique. Les sondages d'opinion ne doivent pas non plus être les éléments structurants de l'action publique. À vouloir suivre l'opinion au jour le jour, on perd le cap. L'efficacité se mesure au contraire à la capacité des décideurs politiques à rester fidèles à la direction qu'ils ont fixée et sur la base de laquelle ils se sont engagés. Depuis des années, ceux qui nous gouvernent n'ont eu de cesse de louvoyer, de changer d'avis, de faire des bouts de réforme, de promettre et de se renier, de démarrer puis de renoncer, d'accélérer puis de ralentir en fonction des sondages et de la tournure des événements. Ils sont à la fois imprévisibles, illisibles et versatiles. Toutes ces tergiversations détériorent profondément la confiance des Français et font perdre à la France un temps précieux. Une nouvelle perspective politique doit s'inscrire dans le temps des projets plutôt que dans celui des carrières. La nécessité de réformer l'organisation de nos territoires illustre bien cette difficulté à bâtir des projets solides et durables. En moins de dix ans, près de dix réformes se sont attaquées au mille-feuille territorial sans arriver, au final, à quelque simplification que ce soit, mais au contraire à des niveaux d'administration supplémentaires, de nouvelles dépenses, moins d'efficacité dans les politiques publiques et une organisation territoriale devenue totalement incompréhensible pour les Français. Quand, en 2013, j'ai lancé le projet « Ouvrons la France par les territoires » afin de proposer une nouvelle organisation des territoires et des collectivités locales en France, basée sur plus de proximité et plus de développement, j'ai fait le constat que le schéma que nous proposions, véritable vision à long terme, était reconnu par la majorité des acteurs comme une perspective visionnaire et efficace. Compte tenu des échéances électorales, le microcosme politique, au nom de ses propres intérêts, ne pouvait pas approuver une telle démarche. J'ai même le souvenir d'un vote en Commission du développement durable et de l'aménagement du territoire à l'Assemblée nationale, au cours duquel plusieurs de mes collègues de droite comme de gauche ont soutenu ma proposition et validé mon amendement, me mettant à quelques voix d'une adoption. Mais il manquait encore du courage politique. Le big bang territorial que je préconisais aurait eu des conséquences beaucoup trop importantes sur le nombre d'élus. Ont été alors choisies la complexité et les dépenses, plutôt que l'efficacité et les économies.

Le second principe est celui de la vérité et de l'honnêteté intellectuelle. Le débat politique prospère dans un système de clivage dont les termes ne sont pas tant les différences d'idées que la nécessité d'entretenir des postures clivantes – fussent-elles parfois totalement artificielles par rapport aux solutions proposées. Cette forme de débat, qui consiste à gagner en s'appuyant davantage sur l'échec de l'adversaire que sur l'adhésion à ses propres idées, génère inévitablement un processus autodestructeur pour l'ensemble de la communauté politique qui est probablement un des principaux facteurs de défiance qui touchent aujourd'hui cette classe politique « traditionnelle ». Cette approche est largement entretenue par les partis politiques qui passent l'essentiel de leur temps à sonder l'opinion pour surfer sur les mécontentements des Français, à pratiquer une opposition systématique aux idées de l'adversaire et à construire ainsi les conditions de la reconquête en faisant des contre-promesses souvent aussi irréalistes qu'intenables, mais populaires. Ce système de basculement gauche/droite puis droite/gauche est mortifère. Les Français n'en veulent plus et ils le manifestent, soit par leur abstention, soit par l'adhésion au positionnement de l'antisystème du FN. Si nous voulons faire de la politique autrement, il nous appartient de nous en tenir au projet et de faire vivre le débat politique sur d'autres valeurs. Non pas en ce qu'il participe ou non à la prospérité de tel ou tel parti, mais pour sa réelle contribution à l'amélioration de la situation pour la France. L'exemple le plus emblématique que j'ai connu qui montre l'absurdité de ce comportement fut celui de la loi Macron au cours de l'année 2015. Cette loi, bien qu'elle ne réglât pas le sujet de la croissance en France, constituait néanmoins une série d'avancées qui allaient dans le bons sens. Elle proposait des évolutions indispensables, comme la possibilité de voyager en France par autocar ou d'ouvrir les magasins le dimanche dans les zones touristiques internationales ; elle revisitait des projets utiles, comme la création d'une liaison directe entre Paris et l'aéroport de Roissy ou l'amélioration de la couverture mobile ; elle bousculait plusieurs des rigidités qui caractérisent la France, celles qui concernent le financement des PME, l'épargne salariale ou le droit du travail, etc. Comme une trentaine de parlementaires de gauche et de droite, j'avais participé en tant que « commissaire spécial » à toutes les discussions en commission, puis au débat en séance dans l'hémicycle. Des centaines d'heures d'échanges nous avaient permis d'aboutir à un texte de loi qui, de mon point de vue d'entrepreneur et d'homme politique, méritait largement d'être voté. Par ailleurs, j'avais réussi à passer près de vingt amendements sur des évolutions significatives, comme le crédit interentreprises, pour que les entreprises puissent contourner le monopole bancaire et se prêter de l'argent entre elles, ou le projet de réintroduire des bourses régionales pour améliorer le financement et le développement des PME. Pour autant, au moment de passer au vote, je me suis aperçu que mon propre camp politique, prompt à réclamer des mesures concrètes en faveur des entreprises, ne voulait pas voter la loi. Au motif qu'il ne fallait pas adresser un signe favorable à la majorité présidentielle, qui plus est à quelques semaines d'élections départementales. Dans le camp socialiste, ce n'était pas mieux car je suis convaincu que, pour les mêmes raisons, l'usage du 49.3 avait le grand avantage d'éviter que la loi ne passe avec les voix de la droite, exposant le gouvernement au risque d'une critique virulente des courants les plus à gauche. Pour autant, quand j'ai annoncé dans les médias que j'étais prêt à voter la loi Macron, j'ai été inondé de messages d'encouragement de la part de milliers de Français qui, comme moi, attendent une approche pragmatique de la politique.

Que reste-t-il de la sincérité et de l'honnêteté intellectuelle quand les considérations partisanes priment à ce point sur l'efficacité ?

Le troisième principe est celui de l'action politique au service du bien commun. Car l'absence de vision et le côté trop souvent aléatoire des choix politiques nous détournent quasi systématiquement du cap à tenir. Il n'est pas besoin d'être un fin analyste de la vie politique pour se rendre compte que l'influence de l'actualité, les émotions ou les événements, mais aussi la pression des corporations, des communautés et de toutes sortes de « clientèles » ont progressivement détérioré cette idée du bien commun. La politique ne doit pas être au service de chacun, mais au service de tous. Et cette relation « client-fournisseur », qui marque trop souvent une complicité malsaine entre les politiques et leurs électeurs, a pour effet de satisfaire quelques-uns au détriment du plus grand nombre. Nous avons tous une part de responsabilité dans cette évolution, car nous raisonnons trop facilement en nous posant d'abord la question de ce que le responsable politique peut faire pour nous, sans nous préoccuper de l'impact de telle ou telle mesure pour le bien commun. C'est la raison pour laquelle une action politique efficace suppose de partager cette réalité et cette reconnaissance du bien commun.

Ces quelques principes, qui paraissent évidents, se heurtent le plus souvent à la réalité politique de la part des élus comme des citoyens. De la part des élus d'abord, car ces principes exigent une très grande liberté pour désolidariser l'action politique de leurs propres intérêts. Cela suppose qu'ils ne considèrent pas la politique comme un « métier » mais comme un « engagement ». De la part des citoyens, l'approche est similaire. Il s'agit également pour eux de considérer l'intérêt général plutôt que leur propre intérêt. Cela suppose une réelle prise de conscience des Français de l'importance des défis collectifs que nous devons relever. Il appartient aux uns et aux autres d'accepter l'idée de mettre l'intérêt de la France au premier rang de nos priorités.

Rarement les enjeux auxquels nous sommes confrontés – mais aussi les réformes courageuses et audacieuses qu'il convient de prendre – n'ont eu autant besoin de cet engagement et de l'adhésion du plus grand nombre de Français à l'action politique. Et, à moins que nous ne voyions dans la politique qu'un métier comme un autre réservé aux « professionnels », à moins que nous croyions sincèrement que ceux qui ont échoué hier vont réussir demain, à moins que nous pensions n'avoir rien à voir avec tout cela, nous devons absolument accepter de nous mobiliser. Sans quoi nous devrons cesser de nous plaindre et continuer à vivre dans l'aigreur pour certains, ou l'espoir – c'est déjà ça – pour d'autres. Nous devrons avoir l'honnêteté de dire, les yeux dans les yeux, aux générations à venir que leur sort nous importe peu. Si, en revanche, nous considérons que la politique est l'affaire de tous, que nous avons le devoir de donner à la France une part de nos talents, de notre temps et de notre énergie, si nous croyons encore à tous les atouts de notre pays, alors la réponse est deux fois oui. Et il devient urgent de nous mobiliser.

C'est la raison d'être de cet ouvrage : constituer une « feuille de route » et participer à la mise en place d'une plate-forme de mobilisation avec tous ceux qui veulent participer à cette séquence de transformation.

« Réconciliez-vous pour servir », disait Saint-Exupéry.

– 5 –

577 candidats pour faire bouger la France

Depuis que j'évolue dans ce monde politique, je suis de plus en plus convaincu que nous pouvons bouger les lignes. Je me suis d'abord invité dans le débat politique en me faisant élire à quatre reprises, sans l'investiture d'aucun parti. Quand j'ai été élu député en 2012, j'ai participé à la création de l'UDI en revendiquant le « I » d'Indépendant. Je me suis impliqué dans l'activité du mouvement, j'ai été très actif dans les débats parlementaires.

Fin 2014, au départ de Jean-Louis Borloo pour des raisons de santé, j'ai essayé de faire bouger les choses de l'intérieur en me présentant à la présidence de l'UDI. Avec l'idée d'en faire un parti « pas comme les autres ». Avec le projet d'ouvrir la gouvernance à la société civile, de faire des militants des contributeurs, de privilégier l'action territoriale, d'être audacieux et d'opérer un profond renouvellement des idées pour la France. Bien que je n'aie pas beaucoup de relais sur le terrain, j'ai rencontré des milliers de Français. J'ai organisé plus de cinquante réunions publiques à travers la France ; j'ai tenté d'expliquer les enjeux économiques et sociaux, l'impact de la mondialisation et l'impasse de la dette. J'évoquais, par exemple, la nécessité d'appliquer véritablement les principes de subsidiarité et de confiance dans l'organisation des politiques publiques en donnant plus de pouvoir aux territoires pour mieux adapter les politiques locales aux spécificités locales ; en faisant confiance aux entrepreneurs ; en repositionnant l'État sur les principaux enjeux de sécurité, de stratégie ou de justice pour que la nation soit plus forte sur ses grandes missions régaliennes ; en donnant une nouvelle ambition à l'Europe en la situant au cœur des nouveaux rapports de force dans le monde. J'ai compris qu'une campagne nationale passait par un travail de pédagogie.

Ces rencontres m'ont passionné car j'ai mesuré à quel point les Français étaient prêts à accepter des changements pour autant que la feuille de route soit bien construite, que les objectifs soient clairement énoncés et que ceux qui les proposent soient sincères, honnêtes et compétents. J'ai senti une attente. Mais j'ai aussi perçu la résignation et la lassitude de nos compatriotes. J'ai senti combien le fossé était grand entre la parole politique et leurs préoccupations concrètes. J'ai aussi vécu les affres d'une campagne interne et découvert les méthodes pour le moins douteuses de certains de mes adversaires. Au-delà du fait que très peu d'élus m'ont soutenu pour faire évoluer l'UDI, on me refusait des salles, on évitait de me croiser, on oubliait de m'inviter. J'étais en dehors du système et on me le rendait bien. Les « professionnels » doutaient de la conception nouvelle, pragmatique et libre que j'avais des mouvements politiques et craignaient tout à la fois qu'une stratégie trop indépendante vis-à-vis de l'UMP ne les mette en difficulté pour les prochaines élections. C'est tellement plus confortable de se positionner comme force d'appoint et de négocier chèrement les quelques voix nécessaires à la composition d'une majorité en échange de postes et d'investitures, plutôt que de prendre le risque d'aller au bout de ses idées.

Cette campagne pour la présidence de l'UDI s'est soldée par un score de 11 %, sans même que j'aie pu voter, n'ayant jamais reçu les bulletins de vote. L'UDI s'est positionnée comme une variable d'ajustement de l'UMP pour l'aider à gagner des élections et revendiquer des postes en échange de son soutien. Ce n'était pas ce que j'attendais. Nous ne portions pas le projet politique que j'espérais. Celui qui aurait pu nous distinguer en pratiquant une opposition réellement constructive avec une approche plus libérale, proche de ceux qui entreprennent, faisant confiance aux Français, moins dépendante de la dépense publique et porteuse d'une ambition européenne. Mais surtout, nous ne mettions pas le temps à profit pour préparer un grand projet d'alternance et de transformation pour 2017. Nous étions redevenus un parti comme les autres. Je n'adhérais pas à cette approche purement politicienne – les Français n'en voulaient plus. Elle était à l'opposé de ce qui m'avait conduit à m'engager en politique et à me présenter à des élections. C'est la raison pour laquelle, le 6 décembre 2015, en regardant les résultats du premier tour des élections régionales, j'ai décidé de claquer la porte de l'UDI. J'avais d'autant moins de scrupules à le faire que je n'avais jamais demandé auparavant d'investiture à quiconque et que je ne devais qu'à mes électeurs mes mandats de maire et de député.

« *Je quitte l'UDI et je reprends ma liberté pour faire de la politique autrement* », c'est à partir de ce tweet du dimanche 6 décembre – retweeté plus de 450 fois en quelques heures – qui constatait le fossé grandissant entre les hommes politiques et les Français, que j'ai pris la résolution de me désolidariser des partis traditionnels et de lancer une mobilisation nouvelle.

Non pas en me présentant aux primaires, ni en créant un nouveau mouvement politique, mais en lançant un appel à ce que les Français se mobilisent dans les 577 circonscriptions françaises en participant, directement ou indirectement, aux prochaines élections législatives pour prendre en main leur destin, mais aussi pour qu'elles ne soient pas seulement les conséquences des présidentielles, mais une réelle perspective de renouveau avec tous ceux qui veulent faire bouger la France.

Je préfère « le pouvoir du peuple, par le peuple, pour le peuple », comme l'avait clamé Lincoln, plutôt que « le pouvoir des partis politiques, pour les partis politiques, par les partis politiques » quand ils ne parlent plus qu'à eux-mêmes et qu'ils servent prioritairement les intérêts de ceux qui les animent.

Car, évidemment, ce soir du 6 décembre 2015 comme le dimanche suivant à l'occasion du second tour des élections régionales, face à l'abstention et à la montée du FN, comme chaque soir d'élection, tous les leaders politiques disaient avoir compris le message des Français et prenaient l'engagement, la main sur le cœur, de faire enfin bouger la France. Cette parole convenue n'augurait pas d'un véritable changement.

« Tu vas être seul », m'ont alerté quelques collègues députés dès mon retour à l'Assemblée le mardi suivant. « N'est-ce pas vous qui êtes de plus en plus isolés ? », leur ai-je répondu depuis le banc des non-inscrits sur lequel je siégeais désormais. « Dans une période de grande défiance envers les partis politiques, je préfère la solitude vis-à-vis des appareils que l'isolement vis-à-vis des Français », ai-je ajouté. Mais ils avaient déjà tourné le dos, convaincus qu'aucun avenir n'est possible en dehors des partis et que je n'y arriverais pas. C'est la même réponse que m'ont faite les journalistes, oubliant un peu vite que ce sont les Français qui décident.

Le problème est bien là. « Faire bouger la France » est devenu une sorte de refrain que l'on chante en chœur à chaque échéance électorale sans que les choses bougent pour autant. Et à la fin de chaque mandature on se désole, toujours en chœur, que les choses n'aient pas davantage bougé. De scrutin en scrutin, la France est condamnée à regarder prospérer ses handicaps et s'accumuler ses retards. Les ténors annoncent le changement, mais la realpolitik les rattrape dès le lendemain, aussitôt qu'ils mesurent le risque d'impopularité qu'implique de faire vraiment bouger la France. Un jour ils promettent d'infléchir la courbe du chômage, mais ils ne prennent aucune des mesures courageuses qu'il faudrait prendre pour le faire réellement ; un autre jour ils s'engagent à faire une réforme des retraites, mais ils s'arrêtent au milieu du gué dès que des syndicats menacent de manifester. Aussi, s'il est une seule question que nous devons nous poser, c'est bien celle-ci : Comment faire réellement bouger la France ?

Être suffisamment libre pour oser et entreprendre

« Faire bouger la France » suppose d'abord une grande liberté de la part de ceux qui prennent des responsabilités. Cette exigence de liberté – celle-là même qui garantit que les décisions seront prises dans l'intérêt de la France et des Français, et non pour promouvoir la carrière des uns ou des autres – fait que la politique ne doit pas être qu'une affaire de métier, mais un engagement libre, et qu'elle doit être entièrement dédiée au service de la France. S'engager en politique suppose de ne pas avoir peur de perdre des élections. Cette condition est essentielle pour retrouver l'audace et le courage nécessaires à l'élan qu'appelle un projet politique dynamique et réellement engagé.

Mobiliser la diversité des talents dont la France a besoin

« Faire bouger la France » suppose également que ceux qui représentent les Français soient réellement « représentatifs » de ce qu'est la France. Cette condition peut paraître évidente, mais elle ne l'est plus quand le système des investitures des partis politiques fonctionne en vase clos et du haut vers le bas. L'ensemble des dispositions dont les partis bénéficient, telles que le financement des campagnes, l'accès aux médias ou le mode de désignation des candidats – avec des règles non écrites comme la « prime aux sortants » – est organisé de telle manière qu'il est très difficile pour quelqu'un de nouveau de participer au débat politique, sauf bien entendu à faire allégeance à un parti et accepter aussi de jouer le jeu du système. La France est asphyxiée par une élite administrative et technocratique ; elle souffre du conformisme de son personnel politique. Elle a besoin de renouveau.

« De l'air ! », réclament les Français. Les futurs députés doivent être l'expression de la diversité des compétences et des talents qui caractérise la France. C'est grâce à cette richesse qu'un projet politique pourra exprimer sa créativité et son audace.

Mobiliser des candidats qui incarnent leurs territoires

« Faire bouger la France » suppose enfin que ceux qui la représentent soient des Françaises et des Français fortement imprégnés de leurs territoires, motivés par la prospérité de ceux qui y vivent et profondément convaincus que la politique se pratique d'abord là où nous vivons. Nos circonscriptions ne sont pas des instruments au service de carrières politiques. Ce sont aussi nos espaces de vie. Elles représentent tous ces territoires qui constituent le socle politique à partir duquel la France forme des projets, construit la solidarité, s'exprime et prépare son avenir. Et ces espaces recèlent tous les atouts de la France : ses savoir-faire, ses cultures, son patrimoine ou ses paysages. C'est la raison pour laquelle nous devons veiller à ce que chaque député ne fasse pas d'un territoire un tremplin à son profit, mais qu'il serve la France, fort de ses convictions sincères et de l'expérience acquise au sein de ce territoire. Qu'il soit un homme engagé, un acteur reconnu sur le terrain, mais aussi le porte-parole de la diversité des problématiques posées à travers toute la France. Il doit être à la fois un témoin de ce qu'il vit, un défenseur de ce en quoi il croit, un acteur de ce qui est bon pour la France et un médiateur au service de la population. Les parachutages et les investitures octroyés prioritairement à ceux qui sont influents dans les partis plutôt qu'à ceux qui sont actifs dans les circonscriptions privent la France d'hommes et de femmes compétents et profondément engagés.

Je crois davantage au talent d'un artisan ou d'un entrepreneur dynamique qui fait vivre son territoire qu'à celui d'un haut fonctionnaire dès qu'il s'agit de faire des propositions pour relancer l'activité économique à travers la France. Je crois davantage à l'efficacité d'un maire engagé qui investit et développe sa ville, d'un citoyen qui crée, qui invente ou qui innove ou d'un responsable associatif qui fait revivre le patrimoine, qu'à celle d'un ténor médiatique bien en cour à Paris, voire pistonné par les cadors de son parti et formé dans les plus grandes écoles.

Le renouveau passe par vous tous

La France a besoin de vous. Le renouveau se fera avec vous.

Je lance un appel car la France, aux législatives de 2017, a besoin de 577 candidats qui soient à la fois des femmes et des hommes libres, riches de talents et d'expériences dans tous les domaines d'activité, enracinés et reconnus pour ce qu'ils ont déjà fait ou pour ce qu'ils ont entrepris au service des autres. Cette légitimité, basée d'abord sur la confiance, sur les compétences et sur l'expérience dans la vie réelle, est le meilleur vecteur de renouveau, d'audace et d'action que nous pouvons espérer pour le développement de notre pays. Comme vous, je préfère la légitimité de l'action à celle de l'étiquette. Et dans une période où l'étiquette politique ne convainc plus qu'à peine 20 % des Français, je suis convaincu que nous construirons la France avec ceux d'entre nous qui agissent plutôt qu'avec ceux qui font d'éternelles promesses.

Et tous ceux que j'entends déjà et qui seraient tentés de réduire cette résolution à une réaction épidermique de la « société civile » contre le « monde politique », je veux les convaincre qu'elle est beaucoup mieux que ça ; qu'une démarche contre le monde politique n'aurait aucune chance de réussir. L'appel que je lance pour faire bouger la France est une initiative positive, créative, constructive. Elle n'est animée d'aucune animosité envers qui que ce soit. Elle n'est pas contre les « sortants ». C'est un constat du besoin de renouveau.

Je ne crois d'ailleurs pas qu'il existe un « monde politique » ou une « société civile » ; il existe une seule société française et une seule communauté nationale, composée de femmes et d'hommes appelés à prendre leurs responsabilités, à s'engager et à mettre la diversité de leurs talents au service de leur pays.

Et contrairement à ce que l'on pourrait penser compte tenu de la manière dont le « système » politique fonctionne, notre organisation démocratique a été conçue, jusque dans ses principes constitutionnels, pour promouvoir cette approche responsable de l'exercice du pouvoir par le peuple français. L'exercice de la démocratie n'est pas un métier, c'est une conquête qui ne s'arrête jamais. Elle n'est certes pas menacée, mais le système oligarchique issu des partis, la tentation de résignation des Français et les poussées populistes entament significativement sa prospérité. Parce que la démocratie passe par nous, posons-nous la question de notre contribution et de notre réelle mobilisation pour réveiller cette démocratie à laquelle nous sommes si profondément attachés. S'il appartient aux Français de choisir un président de la République, il leur appartient aussi, indépendamment des élections présidentielles, de choisir les 577 représentants qui formeront une majorité parlementaire pour gouverner la France avec audace, détermination et conviction. C'est la raison pour laquelle, par cette initiative « 577 pour la France »[1], je veux avant tout créer le cadre à partir duquel tous ceux qui se disent « Pourquoi pas moi ? » puissent aller au bout de leur projet. Avec les premières équipes qui se mobilisent sur ce projet depuis quelques mois, nous voulons non seulement rassembler des Français, construire une base commune de réformes, accompagner les candidats dans le processus électoral, mais

1. À retrouver sur le site www.577.fr

également susciter un élan collectif suffisamment puissant pour ne pas abandonner aux grands partis le monopole de ce rendez-vous des élections législatives de 2017.

Pour une meilleure répartition des pouvoirs présidentiels et législatifs

Cette initiative renoue avec l'esprit de nos institutions et avec l'équilibre des pouvoirs qui les caractérisent. Pour bien comprendre la situation dans laquelle nous sommes, il est important de rappeler que nos problèmes relèvent aussi des conséquences du dévoiement des principes même de la Vᵉ République après les vingt-quatre réformes constitutionnelles qui l'ont progressivement modifiée. Notre démocratie s'articule autour d'une répartition des rôles entre les pouvoirs réglementaires présidentiels et législatifs : le président de la République préside, avec la hauteur de vue qui sied à sa fonction, et la majorité parlementaire confie au gouvernement la responsabilité de la mise en œuvre de la politique qu'attendent les Français. Ce tandem exécutif permet, théoriquement, que le président de la République prenne la mesure du temps long et conduise le pays dans les transformations dont il a besoin, mais aussi que le gouvernement, issu de la majorité parlementaire, mette en œuvre la politique de la France. Le Premier ministre assure cette synthèse entre la vision présidentielle et les choix de la majorité parlementaire tels qu'ils ressortent de la volonté des Français. Ces équilibres ont été totalement bouleversés par les différentes réformes constitutionnelles et les évolutions que la France a connues au cours des dernières années. Le quinquennat a fait des législatives la conséquence des présidentielles, et les primaires ont mis les élections présidentielles entre les mains des partis politiques. Ceux-ci ont ainsi préempté l'ensemble du processus démocratique et le président de la République est devenu le maître du jeu de la politique française.

C'est pourquoi le président de la République est à la fois le *chef de l'État* élu au suffrage universel ; il est le véritable *chef du parti majoritaire*, compte tenu du système des primaires qui permet aux partis politiques d'opérer la présélection des candidats dès le premier tour ; il est devenu le *chef de la majorité parlementaire* dans la mesure où le quinquennat aligne les élections législatives sur les élections présidentielles ; et il est le *chef du gouvernement* puisque ce nouveau processus fait de lui l'acteur d'un programme plutôt que celui d'une vision.

Qui est capable de cumuler autant de fonctions ?

Le général de Gaulle avait raison d'insister pour que les élections présidentielles ne soient pas aux mains des partis politiques car, en voulant tout contrôler, ceux-ci ont fait de nos institutions une affaire purement partisane totalement incompatible avec les enjeux auquels la France doit faire face. Car, dans cette nouvelle construction, la politique française n'est plus une affaire de vision et d'audace, elle se confond avec les communautés d'intérêts particuliers que défendent les partis politiques, ceux qui les composent et ceux qui en vivent.

Redonner le pouvoir au peuple, c'est possible

En 2017, la France aura besoin d'un sursaut et d'un élan collectifs qui projettent le peuple vers un destin commun : celui qui consiste à poser les bases d'un avenir prospère. Cessons de nous laisser bercer par l'illusion présidentielle. Agissons de là où nous vivons. Il est temps d'ouvrir les yeux sur l'autre échéance de 2017, celle des élections législatives. Renvoyées au second plan de l'actualité politique, devenues une simple conséquence des présidentielles, les élections législatives sont pourtant, en 2017, le véritable enjeu. Si le débat continue tel qu'il a démarré, les législatives risquent de suivre une victoire présidentielle par défaut, alors qu'elles pourraient devenir au contraire une formidable opportunité pour des acteurs de la vie quotidienne, souvent simples spectateurs désabusés de la vie politique, de prendre leurs responsabilités, de reprendre la parole et d'agir pour leur pays. Elles seront le signe d'un réveil des territoires, qui s'incarnera dans chaque circonscription.

Elles manifesteront que seul un élan collectif – et non les actes isolés d'un séduisant homme providentiel qui n'existe pas – est capable de réinventer la France pour la projeter dans le monde contemporain et dans l'avenir.

C'est la raison pour laquelle, face au risque de voir les élections présidentielles se réduire à un jeu purement politicien, animé par les partis politiques et les médias, sur la base de slogans, de petites phrases et de coups portés au-dessous de la ceinture, avec un casting similaire à celui que l'on voit depuis des années à chaque scrutin, il me semble fondamental de reconstruire cette perspective politique depuis la base. Cette approche aura ainsi le double avantage de permettre d'opérer un véritable renouvellement de la classe politique et de renouer avec l'esprit même de nos institutions.

En présentant 577 candidats aux élections législatives de 2017, nous proposons d'introduire dans le débat national 577 Français dont la légitimité à se présenter tiendra davantage de leur capacité à agir et de leur reconnaissance locale que du processus de désignation d'une commission nationale d'investiture. Dans chacune des circonscriptions, chaque candidat devra être en mesure de se présenter face aux électeurs sur trois types d'engagement :

– **un engagement éthique** qui énoncera clairement les principes de responsabilité, d'objectivité et d'honnêteté sur la base desquels il s'efforcera d'exercer son mandat de député ;

– **un engagement de compétence,** en présentant son expérience, ses réalisations et les principales contributions qu'il pourra promouvoir dans le débat national ;

– **un engagement territorial,** en expliquant la manière dont il organisera le dialogue avec les habitants de sa circonscription afin de faire vivre une démocratie de proximité et de s'enrichir des talents de ses concitoyens.

Par ailleurs, s'ils sont élus, tous les candidats s'engageront à participer au même groupe parlementaire à l'Assemblée nationale afin de mettre en œuvre les engagements pris.

Pour que cette mobilisation soit la plus efficace possible, les 577 candidats seront intégrés dans un dispositif national avec un label commun, des coordinateurs régionaux et thématiques et des moyens de formation.

Chaque Français pourra être candidat, pour autant qu'il passe l'ensemble des étapes qui vont de l'intention de se présenter à la candidature effective. Le dispositif de candidature sera exigeant pour ne pas créer de faux espoirs. Chaque candidat devra d'abord accepter les orientations générales de cette nouvelle approche, puis il devra montrer qu'il est capable de rassembler et de mobiliser autour de lui l'élan nécessaire pour mener à bien sa propre campagne. Les candidats participeront ensuite à l'élaboration d'un « contrat de mandature » qui sera proposé aux Français. Nous y reviendrons dans quelques pages.

Cette mobilisation engage tous les Français.

Chacun d'entre nous aura un rôle à jouer

La mobilisation ne devra pas s'arrêter aux 577 candidats et à leurs 577 suppléants. Les 1 154 candidats officiels ne réussiront que s'ils sont entourés de milliers de Français qui se mobiliseront autour d'eux pour transformer leur volonté de changement en acte d'engagement très concret.

Chaque Français pourra identifier ceux qui sont candidats dans leurs circonscriptions. Grâce à la plate-forme www.577.fr, il pourra les découvrir, les interroger et mieux les connaître ; il pourra également, s'il le souhaite, les aider, les soutenir, leur faire un don et les faire connaître autour de lui. Cette campagne sera l'occasion de vérifier si nous sommes collectivement aussi désireux de faire bouger la France que ce que nous exprimons régulièrement dans les différents scrutins, par notre abstention, par nos votes contestataires et, plus généralement, par tous les signes de mauvaise humeur que nous manifestons. De ce point de vue, l'exercice est déterminant car il mettra à l'épreuve de la réalité nos propres motivations et notre sens des responsabilités. Si c'est un échec, nous ne pourrons plus nous plaindre de ceux qui nous gouvernent. Cependant, pour en avoir fait l'expérience à l'occasion des six scrutins auxquels j'ai directement participé, j'ai la conviction que nous allons être des milliers à entrer dans ce processus de renouveau, car les difficultés de la France nous indiquent très clairement que c'est le moment de le faire. Mobilisons-nous, soit pour proposer une candidature, soit pour aider un candidat, soit pour participer à l'enrichissement du projet. J'ai en effet plus que jamais la conviction que nous avons tous des talents et du temps à mettre au service de notre territoire et de notre pays. Il appartient à chacun d'entre nous de saisir cette opportunité pour réagir. Si nous réussissons à le faire, la France en tirera un avantage considérable. J'irai jusqu'à dire que nous avons le devoir d'essayer, il nous appartient collectivement de nous extraire du climat de résignation qui gagne progressivement notre pays et de réveiller l'enthousiasme nécessaire à la France.

C'est la raison pour laquelle l'initiative « 577 pour la France » prend tout son sens dans cette échéance majeure de 2017.

Soyons conscients des enjeux

Quelle vision partageons-nous pour la France ? Une telle question résonne tout particulièrement en cette fin de cycle marquée à la fois par le risque terroriste et par la détérioration de tous les indicateurs économiques et sociaux. Sans oublier les marques de défiance et d'inquiétude des Français, de plus en plus fortes à chaque scrutin. Le risque dans un tel contexte étant d'essayer de répondre par des mesures dispersées, incohérentes ou provisoires, en privilégiant leurs effets à court terme, sans placer nos décisions dans une perspective à la fois globale, ambitieuse et durable.

Quelle nouvelle organisation la France doit-elle adopter pour réduire ses coûts de fonctionnement et améliorer les services publics ? Quelle politique économique et sociale la France doit-elle conduire face à l'expansion des économies chinoise ou indienne ? Quel choix la France doit-elle faire sur le plan énergétique entre l'émergence de ressources fossiles non conventionnelles, ses engagements pris dans le cadre de la COP21 et ses savoir-faire en matière d'énergie nucléaire ? Quelle politique d'éducation et de formation la France doit-elle lancer pour bénéficier au maximum des perspectives d'emploi et de croissance de la nouvelle économie ? Quelles options géopolitiques la France doit-elle valider pour assurer sa sécurité et faire face aux nouveaux conflits qui se jouent au Proche et au Moyen-Orient ?

Ces questions sont importantes et on pourrait en ajouter quelques autres, tout aussi stratégiques. Toutes ces évolutions appellent simplement que nous prenions conscience de la réalité du nouveau monde et de ses enjeux, et que nous soyons capables de sérier ses risques, mais aussi ses opportunités. Nous ne pourrons pas répondre aux défis de ce XXIe siècle avec les recettes éculées que nous réutilisons parfois depuis deux siècles.

– 6 –

Croire en la France telle qu'elle est : partons des territoires…

Dans ce monde en mutation, la France doit rester la France. C'est à cette première condition qu'elle réussira son insertion dans la mondialisation. Elle ne doit pas chercher à s'intégrer dans un processus de standardisation pour être « comme les autres ». Les politiques publiques dont la France a besoin ne sont ni celles de l'Allemagne, ni celles des États-Unis. La France ne doit pas non plus se contenter de faire de telle ou telle réforme magique l'alpha et l'oméga de son avenir ; elle ne doit pas céder à la pression technologique sans chercher à lui donner du sens. J'ai souvent été surpris, au cours des débats parlementaires, quand la seule justification de certaines mesures se résumait à l'idée de faire comme les autres. Pour « rester la France », la France doit travailler à recenser ses atouts, à les valoriser, à en faire à nouveau des vecteurs de prospérité pour tous les Français. Elle doit veiller à ce que chaque réforme, chaque innovation, chaque progrès, soit au service de son développement et de son rayonnement. Cette approche suppose que nous considérions d'abord la France pour ce qu'elle est, à savoir un héritage, des savoir-faire et des talents, des territoires, une nation. Ne pas construire l'avenir à partir de ces réalités reviendrait à renoncer progressivement à tous les atouts dont nous disposons grâce au formidable capital culturel et territorial qui caractérise notre pays.

Construire la France à partir de ce qu'elle est, suppose d'abord que nous soyons fiers de notre héritage culturel, de notre histoire et de notre patrimoine. Ceux-ci ne peuvent pas être des éléments de tension, voire de division entre les Français, sous prétexte de quelques débats sur l'identité nationale, car ils sont notre bien commun, celui grâce auquel la France est singulière, celui par lequel nous pouvons au contraire nous rassembler pour avancer.

Penser la France, c'est repenser d'abord ses territoires. L'essentiel de la richesse d'un pays réside dans la densité de ses territoires. La culture, les paysages, les ressources naturelles, les savoir-faire, ou plus généralement tout ce qui constitue la géographie d'un pays, sont les richesses qui fondent ses premiers atouts. C'est particulièrement vrai pour la France, dont la diversité géographique – de Dunkerque à Menton ou de Brest à Strasbourg, en passant par les 36 000 villes et villages qui maillent nos paysages – est exceptionnelle. C'est la raison pour laquelle penser l'avenir de la France sans remettre au cœur du débat la prospérité de tous nos territoires reviendrait d'abord à nier le potentiel inestimable de ce patrimoine, mais surtout, cela voudrait dire que l'on renonce à construire la France à partir de ce qu'elle a de singulier, de ce qui constitue sa véritable richesse, mais aussi et surtout ses principaux vecteurs de développement et de rayonnement. Nous ne devons pas être un de ces pays qui imaginent construire leur avenir à partir de quelques grandes métropoles mondiales connectées, mais malheureusement de plus en plus indifférenciées. Ce n'est ni notre histoire, ni notre vocation. La France ne construira son avenir que si elle renoue avec ses véritables atouts, ceux-là mêmes qui sont dans les tréfonds de nos territoires. Car un des risques majeurs d'évolution de la mondialisation est celui de la standardisation qui conduirait tous les pays ou toutes les villes à se ressembler, à épouser les mêmes codes, les mêmes styles de vie et à fondre progressivement leurs cultures dans un même creuset déconnecté des réalités culturelles de chaque territoire et de son histoire. Ce risque est réel, et de nombreux pays émergents sont aujourd'hui en phase de standardisation, oubliant parfois trop vite qu'ils entrent ainsi dans un processus où seules les surenchères économiques feront la différence entre les nations. De grandes métropoles mondiales connectées, oui ! Non pas pour qu'elles restent enfermées sur elles-mêmes mais, au contraire, pour qu'elles soient les courroies de transmission entre nos territoires et le reste du monde.

Cette vision d'une *France des territoires*, je l'avais développée dans mon premier livre,

Mon village dans un monde global[1]. Je m'intéresse depuis longtemps de manière très personnelle à cette idée d'une France à reconstruire à partir de là où nous vivons. Si cette vision est à ce point ancrée en moi, c'est probablement grâce à la passion que j'ai pour toutes les richesses de la France. Je crois à la capacité d'innovation de nos universités et de nos entreprises, je crois au rayonnement mondial de nos paysages, de nos cultures et de nos traditions, je crois à la richesse de nos savoir-faire artisanaux et agricoles. Je me souviens d'une interview au cours de laquelle, à une question qui m'était posée sur mon sens politique, j'avais répondu qu'il était directement lié à ma capacité d'émerveillement, et que si nous voulions tester la motivation d'un homme politique il suffisait de mesurer avec quelle passion il parlait de son territoire et de la France. J'ai eu la chance de parcourir le pays. Je suis né à Nantes et j'ai habité à Nevers, à Châteauroux, à Saintes, à Dunkerque et à Strasbourg, avant d'atterrir par hasard à Neuilly quand j'ai commencé ma vie professionnelle. Ce parcours de jeunesse à

---

1. *Mon village dans un monde global*, François Bourin Éditeur, 2011.

travers nos territoires m'a convaincu de ce que la France compte comme atouts, mais aussi de ce que les Français ont comme fierté et comme détermination à faire prospérer la France qui est la leur : celle de Dunkerque, par exemple, avec ses traditions maritimes, ses formidables atouts portuaires et son étonnant carnaval des pêcheurs ; celle de l'Indre, riche de ses terres agricoles et de ses magnifiques étangs de la Brenne ; celle de l'Aunis et de la Saintonge, avec ses productions de cognac, son tourisme et son architecture romane ; ou celle de Strasbourg, forte de ses universités, de ses filières technologiques et médicales, de son rayonnement européen et de sa gastronomie. Nous ne développerons durablement la France que si chaque Français, là où il vit, met les atouts de son territoire au service du projet national. Nous devons réinventer la France avec la conviction qu'elle ne réussira qu'en tirant le meilleur de son héritage, en restaurant la fierté de chaque Français pour son territoire et pour la France, et en donnant à chacun la possibilité d'entreprendre.

Après cet itinéraire de jeunesse dans les provinces françaises, la vie professionnelle m'a à nouveau immergé dans nos territoires. L'entreprise que j'ai créée en 1990 avait pour principale activité d'aider les PME à exporter. Pendant près de vingt ans, j'ai sillonné la France pour convaincre des entreprises d'aller se développer à l'étranger. J'ai ainsi accompagné près de 10 000 entreprises françaises dans leurs aventures internationales. Nous avons vendu des machines en Asie, des spécialités gastronomiques au Brésil, des offres touristiques en Russie, des technologies aux États-Unis ou des services en Australie. À chaque fois, il y avait dans la réussite de ces missions de prospection la passion d'un entrepreneur, le savoir-faire d'une équipe et l'héritage d'un territoire. Dans 90 % des cas, un courant d'affaires démarrait.

Cette expérience m'a renforcé dans la conviction que nous avions un formidable potentiel de développement en connectant nos territoires au reste du monde, grâce à une véritable politique d'aménagement du territoire, mais aussi par une politique d'innovation : d'abord parce que nos atouts, ceux-là mêmes qui proviennent de nos territoires, sont plébiscités dans le monde entier, et également parce que les classes moyennes les plus attirées par nos savoir-faire sont celles qui vont le plus se développer dans les décennies à venir. La proportion des classes moyennes dans le monde représente aujourd'hui environ 1,8 milliard de personnes, soit 28 % de la population mondiale. Vers 2030, elle atteindra probablement les 5 milliards, soit les deux tiers de l'humanité. La France a beaucoup à gagner dans cette évolution. C'est probablement l'un de nos principaux leviers de croissance. À titre d'exemple, on estime à plus de 100 millions le nombre de Chinois qui voyageront en 2020, et la première destination qu'ils citent reste la France. Cette attirance pour notre pays, nous la devons à tous nos vecteurs d'attractivité, de nos monuments historiques à nos paysages, de nos marques de luxe à notre excellence technologique et scientifique, ou de nos artistes à nos restaurants étoilés. Pour tout ce qu'ils représentent collectivement en matière de patrimoine, de savoir-faire, de technologie ou d'art de vivre. Pour que l'innovation participe au renouveau de la France, nous devons la mettre au service de nos atouts et de nos territoires. C'est ainsi que nous retrouverons une véritable compétitivité ; celle dont notre pays a besoin.

Tous nos territoires alimentent la France dans ce qu'elle a de différent des autres pays. Notre gastronomie et notre agriculture ont donné naissance à une puissante filière agroalimentaire ; nos savoir-faire artisanaux et nos artistes ont permis la création de quelques-unes des plus grandes entreprises mondiales du luxe ; nos paysages et nos monuments ont participé à la création de nombreux savoir-faire dans le domaine des industries touristiques ; notre géographie a permis de créer des entreprises exceptionnelles dans le domaine des transports et des activités maritimes. Ces réalités territoriales ont façonné l'économie française. C'est la raison pour laquelle il est essentiel que notre projet politique s'attache à fertiliser tous nos territoires pour continuer à valoriser nos atouts, pour augmenter notre rayonnement, notre attractivité et notre développement dans la mondialisation. Si nous réussissons ce projet, la France retrouvera une croissance forte et durable.

Cette approche, qui peut paraître singulière, a pourtant un objectif essentiel. Celui d'assurer des emplois durables et d'inverser une courbe dont on ne parle pas – alors qu'elle est probablement à l'origine de nos difficultés : celle des parts de marché de la France. En moins de deux décennies, les parts de marché de la France dans le monde ont diminué de moitié, passant d'environ 6 % à 3 %. « Les exportations françaises ont été incapables de faire face à l'expansion de la demande mondiale depuis 2005 », notait la Commission européenne dès 2012 en relevant cette triste exception française. Y compris d'abord dans la zone euro, au sein de laquelle, bien que les aléas monétaires n'aient pas de prise, nos parts de marché ont très largement décroché. Une analyse récente de la Fondation Concorde indiquait que si la France, à l'instar d'autres pays européens, avait tout simplement maintenu ses parts de marché dans la zone euro, elle bénéficierait aujourd'hui de 155 milliards d'euros d'exportations supplémentaires de biens et services, générant une augmentation de 7,5 % du PIB, et 1,5 million d'emplois, et nos comptes publics seraient proches de l'équilibre. Ce décrochage, nous le devons autant à un manque d'anticipation qu'à l'absence de réformes structurelles.

Si j'insiste sur ce point, c'est qu'il a deux significations importantes. Toutes deux très préoccupantes dans la mesure où elles montrent combien notre projet économique manque de substance et de vision. Le premier enseignement tient au fait que, si nous avons généré aussi peu de croissance depuis quelques années, alors même que la croissance mondiale était très dynamique, nous devons être bien conscients que le ralentissement de la croissance mondiale prévu dans les années à venir, combiné à la perte de nos parts de marché et aux handicaps structurels que nous devons assumer, augure d'une détérioration encore plus forte de notre développement économique et d'un avenir de plus en plus difficile sur le front de l'emploi. La seconde signification, aussi préoccupante soit-elle, permet néanmoins d'envisager des perspectives plus positives, car si cette détérioration extrêmement spectaculaire de nos parts de marché marque notre incapacité à mener une politique de l'offre efficace et compétitive compte tenu des atouts que nous avons, il n'en demeure pas moins que l'image de la France, sa culture, ses produits et ses savoir-faire restent des références parmi les plus prisées par les nouvelles classes moyennes mondiales. Ces références sont largement portées par le prestige de nos marques et par le rayonnement de notre patrimoine. Or, si l'on observe bien l'évolution de cette catégorie des classes moyennes issues des pays émergents, qui représentera d'ici 2030 près de 20 % de la population mondiale, dont le pouvoir d'achat d'environ 2 000 dollars par mois et par foyer est en augmentation constante, et dont l'attirance vers le monde – et en particulier la France – est de plus en plus forte, alors nous avons toutes les raisons d'espérer. Mais à une condition : que nous soyons capables de valoriser nos atouts. C'est pourquoi il me semble fondamental qu'une nouvelle mise en perspective d'un projet politique s'appuie avant tout sur « ce que l'on a et que les autres n'ont pas », sur ce qui fait notre singularité et qui fonde notre attractivité. Or, ces « avantages comparatifs » trouvent tous leurs racines dans la diversité de nos territoires. C'est à partir de cet héritage culturel, territorial, patrimonial, géographique, intellectuel et industriel que nous devons bâtir une nouvelle ambition pour la France, en déployant nos politiques publiques dans nos territoires, à la racine de ces singularités porteuses d'avenir. La volaille de Bresse, la porcelaine de Limoges, les stations de sports d'hiver, les vignobles de Champagne, les pôles d'activité nautique, les industries créatives comme toutes les filières industrielles ancrées dans les territoires de France sont le socle de notre développement. C'est ce socle que nous devons consolider en menant une politique dynamique d'aménagement du territoire. C'est également autour de ce socle que nous devons déployer le maximum de créativité, d'innovation et de promotion internationale.

Nos territoires sont aussi les garants de la préservation d'un modèle social. Les formes les plus essentielles de solidarité sont profondément ancrées dans cette réalité territoriale, elles sont par nature intimement reliées aux différents modèles culturels qui composent nos territoires. La persistance de racines familiales, la communauté de destin d'un territoire, le fait de partager un projet de développement pour créer de l'emploi sont des éléments essentiels. Les territoires qui ont su préserver ce sentiment d'appartenance ont davantage réussi leur transformation. C'est le cas de territoires à forte identité comme la Vendée, la Savoie, le Pays basque ou la Bretagne. L'échelle territoriale est d'abord celle des solidarités naturelles et spontanées. Le modèle social français est ancré dans l'héritage de nos territoires.

Cette France des territoires, à la fois socle économique et modèle social, est aujourd'hui en grande difficulté car la mode est à la métropolisation. Les récentes crises industrielles et agricoles montrent à quel point notre pays est menacé par une nouvelle désertification. Les conséquences de ces crises sont très préoccupantes. À court terme, elles génèrent un chômage de longue durée dont nous avons de plus en plus de mal à nous extraire et qui fait fuir les jeunes générations. À moyen et long terme, elles neutralisent ces atouts qui fondent l'attractivité de la France. C'est dans le monde rural et dans des villes moyennes totalement abandonnées que l'alerte, donnée par les populations au travers de l'émergence d'un vote Front national, mérite qu'on se mobilise pour répondre aux inquiétudes légitimes de ceux qui y vivent.

Car cette réalité territoriale est notre premier vecteur de qualification dans la mondialisation. Si nous ne valorisons pas nos paysages, nos traditions gastronomiques ou notre qualité de vie, nous verrons décliner le tourisme, l'industrie agroalimentaire ou nos offres de santé. Si nous n'avons plus d'ambitions pour notre patrimoine culturel, nous verrons s'épuiser les industries créatives. Si nous ne développons pas des savoir-faire artisanaux, nous ne renouvellerons pas le tissu industriel. Si nous ne mettons pas l'innovation au service de tous ces atouts, il est fort à parier qu'ils se déliteront progressivement. Compte tenu de notre taille et de notre poids économique dans l'économie mondiale, nous n'avons pas d'autre solution que de nous battre en valorisant nos spécificités territoriales et les filières d'excellence qui en sont issues. Si nous n'en prenons pas conscience, nous risquons d'entrer progressivement dans une concurrence frontale avec les pays émergents, en ne misant que sur les technologies, les services ou le négoce, et nous risquons d'être une des premières victimes de la surenchère économique mondiale. Si la

France ne fait pas la différence en valorisant ses propres atouts, elle devra aligner des coûts salariaux de plus en plus compétitifs, elle devra mobiliser de plus en plus de capitaux pour tenter de se mettre juste à niveau, et elle sera de plus en plus contrainte de compenser ses retards par des dépenses publiques. Elle continuera à se laisser entraîner dans un cycle de paupérisation incontrôlable et probablement irréversible.

La France des territoires est également un acte de réconciliation, car plus nous nous approchons des réalités territoriales, plus les divergences politiques s'atténuent au profit d'un pragmatisme partagé. Il n'y a pas de droite ni de gauche quand il est question d'aider une entreprise, d'ouvrir une formation ou de développer des infrastructures d'avenir. La France du XXIe siècle se développera depuis ses territoires dans la réconciliation et la confiance.

– 7 –

Une nation plus forte, des territoires audacieux, une Europe plus ambitieuse

Si, comme on vient de le voir, l'échelle territoriale est celle à partir de laquelle la France renforcera son socle et les atouts qui la caractérisent, l'échelle nationale est celle à partir de laquelle la France doit à la fois consolider ses grandes missions régaliennes, impulser les nouvelles politiques publiques et veiller à ses grands équilibres budgétaires. Il est important, et plus que jamais nécessaire, de rappeler quelles doivent être les grandes orientations nationales car depuis trop longtemps, forte sans doute de sa tradition jacobine, la France a cédé à la tentation de la surcentralisation jusqu'à laisser l'État, les assemblées parlementaires et les états-majors des partis politiques traiter de tous les sujets, gérer toutes les élections, s'emparer de tous les problèmes – fussent-ils de portée locale – et participer ainsi à cette suradministration publique qui a progressivement transformé la France en un « système étatiste » qui semble à la fois s'épanouir dans la complexité, se satisfaire de sa propre inertie et se mêler de tout pour exister. Ce système technocratique dissuade également les Français d'entreprendre, car il oppose à toute initiative, par ses normes, ses codes et ses règlements, un système de contrôle totalement décalé par rapport aux buts poursuivis. Cette spirale de la suradministration est à la base des 57 % de dépense publique de notre PIB, que nous traînons comme un boulet et qui est la cause de notre faiblesse chronique en termes de compétitivité et de pouvoir d'achat. Et pour autant, l'État n'est même pas le « stratège » dont le pays a besoin. Il n'a pas de vision pour la France et ses décisions ne sont guidées par aucune feuille de route claire, cohérente et durable. Au cours d'un même mandat, un président de la République peut changer deux ou trois fois de ligne politique, au hasard des humeurs de l'opinion, des pressions de l'actualité ou des conséquences de la politique menée.

Cette France plus forte interroge d'abord le principe d'égalité qui, depuis quelque temps, semble avoir largement dévié de sa trajectoire initiale. La France a connu trois séquences majeures dans son principe d'égalité : une séquence politique, celle de 1789, pour proclamer l'égalité des droits ; une séquence sur l'égalité des chances avec l'instruction primaire obligatoire à partir de 1881 ; et la loi du 22 mai 1946 qui crée la Sécurité sociale pour tous et marque ainsi une forme d'égalité économique et sociale. Aucun de ces principes ne conteste la reconnaissance de différences. Or aujourd'hui, force est de constater qu'au concept d'égalité on préfère celui d'égalitarisme dogmatique, qui tend à corriger des réalités qui sont par nature différentes. Par exemple, vouloir établir l'égalité des territoires, surtout par des transferts financiers toujours plus importants, n'a aucun sens au regard de la configuration très différente d'un territoire à un autre, et des moyens dont chacun a besoin. En revanche, établir un principe d'équité territoriale en développant un aménagement cohérent et homogène des voies de communication pour tous les territoires permet de donner à chaque collectivité les moyens de valoriser ses propres avantages comparatifs. Autre exemple : continuer de réduire les politiques sociales à des politiques d'assistance encourage l'inactivité. En revanche, établir un arsenal de moyens pour donner à chacun des opportunités de formation au regard des qualifications dont les entreprises ont besoin relève d'avantage des principes d'équité et de dignité. Si la notion d'égalité est profondément intégrée dans nos textes fondamentaux, il faudrait plutôt valoriser et favoriser l'équité.

La France est devenue malade de l'évolution de ce principe d'égalitarisme qui consacre un système d'accès à tous les droits « pour tous » sans aucune référence ni à l'effort, ni au devoir, ni au mérite. Si nous voulons redonner à notre pays une dynamique de développement, il faut redonner à chaque Français le goût de l'effort et l'envie d'agir.

Pour une nation forte, se donner les moyens de ses ambitions

Il est indispensable de comprendre qu'une nation plus forte, c'est d'abord une nation qui se donne les moyens de ses ambitions. Voilà pourquoi il faut considérer avec la plus grande attention la question de notre souveraineté économique et financière.

La France, par l'ampleur de ses dettes et de ses déficits, est sous tutelle. Celle des marchés qui peuvent à tout moment lui mettre le couteau sous la gorge en exigeant de notre part des intérêts difficilement compatibles avec nos ressources ; celle des institutions européennes et internationales – de la Banque centrale européenne et du Fonds monétaire international – qui, compte tenu de la fragilité de notre situation financière et des facilités qu'elles consentent à nous accorder, sont devenues légitimes pour donner leur avis, voire valider ou invalider les options que nous prenons dans nos différentes politiques régaliennes.

Au lendemain des attaques du 13 novembre, l'aller et retour du gouvernement à Bruxelles et la nécessité pour le président de la République de proclamer solennellement, devant les parlementaires réunis en Congrès à Versailles – puisqu'il allait engager des moyens non prévus dans le budget de la France – que « le pacte de sécurité l'emportait sur le pacte de stabilité », montrait bien que, malgré des circonstances exceptionnelles, il n'était pas évident pour notre pays d'engager ne serait-ce que quelques centaines de millions d'euros supplémentaires pour sa propre sécurité. Notre souveraineté est aujourd'hui menacée par notre fragilité économique. Par conséquent, une de nos grandes priorités doit être de restaurer nos équilibres budgétaires. Cela passe par deux grands et nécessaires types de réformes : des réformes structurelles afin de diminuer les dépenses et des mesures de compétitivité pour augmenter ses recettes. Nous y reviendrons.

De par cette mise sous tutelle, la France, souffrant cruellement de moyens, se voit dans l'impossibilité d'assurer efficacement la plupart de ses grandes missions régaliennes telles que sa sécurité intérieure, sa défense ou sa justice. Elle a également de plus en plus de difficultés pour lancer les grandes réformes dont elle a besoin pour embrasser ce XXIe siècle en valorisant ses atouts, en facilitant l'innovation, en finançant davantage le développement de ses universités ou en investissant dans de grandes infrastructures au service de ses territoires.

Il n'est hélas pas un domaine dans lequel la France n'a pas de modernisation à opérer, de mutations à lancer ou d'investissements d'avenir à réaliser. Pourtant, dès qu'elle entreprend d'évoluer, elle se heurte inéluctablement au mur de la dette, au poids des remboursements et à la vigilance de ses tutelles financières. Raison pour laquelle nous devons alors nous contenter de demi-mesures, de petites réformes ou de raccommodages d'urgence.

Cette situation est inacceptable en ce qu'elle réduit progressivement les marges de manœuvre de nos enfants et petits-enfants pour faire de la France un espace de vie dynamique, agréable et serein, une plate-forme de projets pour leur avenir professionnel. De guerre lasse, beaucoup choisissent de partir. C'est inadmissible.

Quelles sont ces grandes missions régaliennes et ces impulsions réformatrices dont la France a besoin ? Elles sont connues et de plus en plus admises. À défaut de les voir traduites dans les décisions politiques, on sent qu'une majorité politique pourrait se dessiner en France si quelques orientations fondamentales touchant à la simplification de nos institutions, à l'aménagement des territoires, à l'éducation, à la compétitivité, à la politique sociale, à la sécurité ou à la politique étrangère de la France étaient enfin prises. C'est ce qui donne son sens à l'initiative « 577 pour la France » : s'affranchir des postures clivantes des partis politiques pour aller directement vers les réformes dont notre pays a besoin.

Plus que jamais, la France doit bouger. Elle doit lancer une réforme de son organisation institutionnelle et de l'aménagement des territoires. Elle doit repenser l'égalité des chances en donnant aux jeunes générations un meilleur bagage pour leur avenir. Elle doit proposer un modèle économique plus entrepreneurial afin de construire une nouvelle compétitivité. Elle doit intégrer un principe d'engagement dans son modèle social. Elle doit assurer sa sécurité à l'aune d'un nouveau contexte géopolitique ; elle doit imaginer une doctrine internationale en prenant conscience des nouveaux rapports de force qui s'établissent à travers le monde.

Favoriser l'égalité des chances en donnant aux jeunes générations un meilleur bagage

La feuille de route pour une politique éducative en direction des jeunes Français au XXIe siècle mérite que l'on respecte trois principes.

– La définition au sein d'un projet des enseignements relevant d'un corpus éducatif de base.

– La promotion d'enseignements spécifiques à la France afin d'intégrer à notre système éducatif tout ce que notre pays compte de filières d'excellence et d'avenir.

– L'adaptation et la préparation des jeunes Français aux enjeux du nouveau monde et à ce qu'il exige en matière de connaissances et de savoir-faire technologiques.

Le corpus éducatif de base doit être renforcé. Les apprentissages fondamentaux et les principales matières de l'enseignement scolaire doivent être consolidés. L'histoire, la géographie, les mathématiques ou le français doivent être réintroduits en tant qu'enseignements essentiels à la formation des nouvelles générations. L'école primaire et le collège doivent concentrer toute notre attention car ils sont le creuset à partir duquel se construit l'égalité des chances. La sortie du collège et le choix d'intégrer une filière générale, technologique ou professionnelle méritent une sérieuse remise à plat. Cette réforme pour les jeunes au-delà de 15 ans doit poursuivre comme objectif premier de mieux s'adapter à la demande des entreprises et au marché du travail. On ne peut pas, dans le même temps, vouloir lutter contre le chômage des jeunes, qui atteint les 20 %, et accepter sans réagir que les écarts se creusent encore davantage parmi cette population : d'un côté plus de 100 000 décrocheurs par an et de l'autre des formations d'élite qui ne sont d'ailleurs plus toujours en phase avec les besoins de l'économie française.

Nous sommes en effet face à tous les symptômes d'un système éducatif qui n'assure pas suffisamment la jonction entre la jeunesse et le monde du travail. Une bonne articulation entre ces deux univers suppose plusieurs évolutions : le transfert des compétences des formations supérieures, technologiques et professionnelles aux Régions, afin de coordonner les formations avec les besoins des entreprises, avec les spécificités et les filières d'excellence de nos territoires ; une profonde réforme de l'apprentissage pour faire en sorte que les jeunes intègrent directement le monde du travail et faciliter leur embauche par les entreprises ; notamment en développant les enseignements dans les domaines qui correspondent aux atouts dont dispose la France et qui sont parfois ceux qui peinent le plus à recruter, comme l'hôtellerie-restauration, l'artisanat d'art ou l'informatique.

Autre priorité en matière d'éducation : doter les jeunes Français des outils qui leur permettront de s'insérer pleinement dans la mondialisation. Trois priorités doivent être inscrites dans le marbre dès l'école élémentaire pour monter en puissance tout au long du cursus scolaire : **l'apprentissage de l'anglais, la maîtrise des technologies de l'information et le développement d'une double culture créative et entrepreneuriale.** Persister à ne pas le faire consiste tout simplement à priver des générations entières des langages et des leviers fondamentaux du XXIe siècle. À l'inverse, remporter ce pari permettra progressivement de connecter l'ensemble de notre pays au monde et de tirer les meilleurs avantages des atouts dont dispose la France. Un pays comme le nôtre, dans le trio de tête des États attirant le plus les consommateurs du monde entier, doit faire de ces apprentissages des vecteurs stratégiques de développement et d'emploi. Certes, ces priorités demandent la mise en place de nouveaux moyens, mais c'est à ce prix que nous relèverons les nouveaux défis de la mondialisation et que nous pourrons repartir à la conquête de parts de marché dans les nombreux secteurs où la France décroche. Aussi devrons-nous investir dans des outils technologiques pour créer des classes immersives et connectées, et doter nos jeunes de plates-formes logicielles pour que tous apprennent le codage informatique, la création de sites ou les techniques de référencement sur les moteurs de recherche.

Donner aux prochaines générations la pleine maîtrise d'une langue étrangère suppose également des efforts importants mais décisifs. Nous devons former tous nos enseignants à la pratique de l'anglais et recruter des enseignants anglophones qui assureront dès l'école primaire l'enseignement de plusieurs matières en langue anglaise. Enfin, adapter nos jeunes à ce nouveau siècle, au cours duquel nous allons probablement assister au glissement progressif d'un modèle salarial vers un modèle plus entrepreneurial, suppose également qu'on leur inculque l'envie de créer. Cette envie doit être développée par le renforcement des enseignements littéraires et artistiques, par le développement du travail de groupe ou par l'intégration de professionnels dans les écoles afin qu'ils puissent venir témoigner ou accompagner des projets réalisés par les élèves. Cette incitation à créer et à entreprendre doit être intégrée dès l'école primaire et se prolonger tout au long de la scolarité en insérant pleinement ces nouveaux enseignements dans le système académique.

Ces orientations seront à terme indispensables pour assurer à nos jeunes une véritable égalité des chances dans un monde qui a profondément rebattu les cartes de l'emploi et des qualifications nécessaires. C'est d'autant plus important dans un pays comme le nôtre dont on sait qu'il construira sa prospérité économique sur sa capacité à générer de la valeur ajoutée, de la créativité et à se connecter à l'international.

Enfin, je plaide pour le rétablissement d'un service national obligatoire. J'ai la conviction que cette étape est indispensable, et ce pour deux raisons. D'abord en ce qu'elle permet d'accueillir tous les jeunes et de les mobiliser sur un pied d'égalité au service de leur pays. Mais aussi en ce qu'elle offre la possibilité d'orienter, de former, de soigner les jeunes les plus en difficulté plutôt que de les laisser en déshérence et sans emploi, mais aussi de rappeler à tous les principes de respect et de discipline, indispensables à l'équilibre de notre projet de société. Sans revenir au service militaire abandonné en 1996, ce nouveau service national pourrait prendre une forme plus adaptée à la situation actuelle. De trois à six mois selon les missions, il pourrait être, au choix, civil ou militaire, mais toujours collectif ; il pourrait également s'exercer dans les entreprises ou servir de structure d'accueil à la création d'entreprises, à des projets d'action sociale ou humanitaire directement proposés par les jeunes. Ceux-ci seraient alors accueillis pour l'occasion dans des « pépinières de projets » au sein desquelles un arsenal de moyens serait mis à leur disposition pour stimuler et accompagner leur envie d'entreprendre. Ce service pourrait se faire dans la ville de domicile des jeunes ou correspondre à des périodes en internat ou en caserne pour les missions ou les formations qui l'exigent. Enfin ce service pourrait trouver son prolongement à l'étranger, dans le cadre de missions de coopération dans les structures françaises établies à travers le monde.

Un modèle économique plus entrepreneurial au service d'une meilleure compétitivité

La France doit renouer avec la liberté d'entreprendre. Non parce qu'il n'est pas possible d'entreprendre en France, mais plutôt parce que tout semble fait pour dissuader ceux qui seraient tentés d'essayer. Alors même que le moment est venu de libérer les énergies créatrices, le modèle plus entrepreneurial que nous devons promouvoir doit lancer trois grandes séries de réformes : dans le domaine du travail, de l'investissement, et de la fiscalité. Et ce autour de deux principes clés : l'incitation et la simplification.

Réforme du travail et du droit du travail

La première réforme à faire, la plus importante pour relancer l'emploi rapidement, est celle du travail, et plus particulièrement du droit du travail. Car le cumul du poids des charges salariales, de la rigidité du droit du travail et des indemnités à verser en cas de contentieux rend les perspectives d'emploi en CDI, et même en CDD, de plus en plus difficiles pour les entreprises. Les solutions sont connues dans ce domaine – et elles sont dorénavant acceptées par la majorité des Français qui sont conscients du caractère rétrograde de cet environnement – mais leurs succès dépendent de deux conditions préalables : faire preuve de courage et baisser les dépenses sociales. De courage d'abord, car les parlementaires qui légiféreront sur le droit du travail devront prendre des décisions très audacieuses, comme celle du contrat unique, de la création d'une procédure de licenciement facilitée en cas de baisse d'activité ou du plafonnement des indemnités de licenciement. Ils devront faire face à ceux qui sont davantage préoccupés par leur propre sort de salariés « protégés » que par celui des chômeurs. À l'occasion des premières reculades sur la loi El Khomri dès mars 2016, j'ai malheureusement observé qu'au lieu de faire un texte « pour les chômeurs avec les entrepreneurs », on faisait une loi « pour les CDI avec les syndicats ». L'inverse de ce dont la France a besoin pour avancer. Une autre priorité est de diminuer très substantiellement le coût du travail par le double effet d'une baisse des dépenses sociales et d'un transfert de charges vers une TVA sociale. Une réforme fiscale devra également être opérée avec pour objectif d'accroître les marges des entreprises et d'encourager les investissements. Cela pourra se traduire par une série de mesures d'incitation dont quelques-unes me paraissent essentielles et urgentes, comme une baisse du taux de l'impôt sur les sociétés à 25 %, une diminution, voire une suppression des taxes sur les plus-values de cession, un dispositif très incitatif, comme en Grande-Bretagne, de réduction de l'impôt sur le revenu des investissements réalisées dans les PME (de 30 à 50 % en Grande-Bretagne) ainsi que la création d'un système de crédit d'impôt renforcé pour accompagner les projets d'innovation et de développement à fort potentiel d'emploi. Enfin une révision complète des seuils à partir desquels les entreprises doivent se conformer à des dizaines d'obligations en matière d'information, de représentation syndicale ou de respect des normes d'hygiène et de sécurité sera mise en place afin de mettre les entreprises françaises au même niveau que la moyenne européenne pour ne pas les handicaper davantage.

Ces mesures en faveur de l'entreprenariat seront intégrées dans un *Business Act* à la française dont le financement se fera grâce aux économies réalisées par la réforme du mille-feuille territorial. Elles seront complétées par l'ouverture de Bourses régionales qui permettront de drainer l'épargne longue vers les investissements des entreprises régionales et par un emprunt national en faveur des investissements d'avenir. Cette double dynamique d'assouplissement des contraintes fiscales et sociales qui pèsent sur les entreprises et de promotion des investissements publics et privés permettra de donner un véritable coup d'accélérateur à la croissance du pays.

Réforme du modèle social : équité et engagement

Le modèle social français a besoin d'être profondément réformé pour plusieurs raisons. D'abord parce que son coût est devenu incompatible avec la richesse créée aujourd'hui par la France. Notre modèle social accumule les déficits et son coût pèse directement sur la compétitivité des entreprises. Les prélèvements obligatoires sont parmi les plus importants au monde et favorisent la persistance d'un chômage massif qui touche aujourd'hui plus de 5 millions de Français. On arrive ainsi à la situation paradoxale d'un modèle social qui, par son effet sur les entreprises, détruit des emplois et ouvre des besoins de plus en plus importants en prestations sociales. C'est un cercle vicieux qui paralyse notre pays. C'est la raison pour laquelle il est vain de se gargariser d'un modèle dont on dit qu'il est exceptionnel, mais dont la caractéristique principale est surtout de ne pas avoir évolué au fil du temps quand le contexte économique, lui, a été totalement bouleversé. Plusieurs réformes structurelles doivent être menées pour adapter notre modèle social à son époque. Elles reposent toutes sur un double principe d'équité et d'engagement des Français. Quatre d'entre elles me semblent urgentes.

– Une véritable **réforme des retraites** afin de rétablir l'équilibre entre les générations. Il n'est pas question que le système de financement des retraites ne prenne pas en compte l'évolution de l'espérance de vie et que, par manque de courage, on fasse peser sur les futures générations de trop grands écarts entre les cotisations et les pensions. Il n'est plus question non plus de maintenir des régimes d'exception, ni que les fonctionnaires bénéficient d'un régime dérogatoire plus avantageux que les salariés du privé.

– Une **réforme de l'Assurance maladie** autour du principe de responsabilité. Nous ne pouvons pas tout financer. Assurer à la fois la gratuité avec l'aide médicale d'État, ne pas introduire un forfait non remboursé, fût-il symbolique, à l'occasion des visites médicales, abonder les besoins en médicaments au-delà du raisonnable ou laisser aller les absences pour raisons médicales sans un contrôle plus strict et sans rétablir les mêmes jours de carence entre les salariés du public et ceux du privé sont autant de dérives qui participent aux déficits de l'Assurance maladie, car la solidarité n'est plus dirigée vers ceux qui en ont le plus besoin, mais trop souvent vers ceux qui détournent les dispositifs existants. La liste est longue des dérèglements de notre système social, aussi devons-nous faire une priorité nationale de la neutralisation de ces effets d'aubaine et des abus qu'ils entraînent.

– Une **réforme des indemnités chômage** : à l'instar des réformes structurantes menées entre 2003 et 2005 en Allemagne, sous le mandat du chancelier Gerhard Schröder, la France doit revoir en profondeur son système d'accompagnement des chômeurs et leur retour à l'emploi. Cette réforme doit poursuivre à la fois des objectifs liés au coût du dispositif d'indemnisation afin de moins peser sur les entreprises et des objectifs de formation pour faciliter l'adaptation des chômeurs à la demande d'emploi. Pour mémoire, quand l'indemnisation est de deux ou trois ans en France, elle n'est que d'un an en Allemagne ; quand elle représente jusqu'à 75 % du salaire brut en France, elle ne représente que 60 %

du salaire net en Allemagne ; mais quand le chômage est de 10,2 % en France il n'est que de 4,5 % en Allemagne. Certes, « comparaison n'est pas raison », mais ces réformes en Allemagne ont permis d'infléchir durablement la courbe du chômage.

En parallèle, il est important de mettre en place de véritables mesures de formation pour permettre à chacun de retrouver un emploi. Ces mesures peuvent être intégrées dans un nouveau contrat de travail avec un système de recharge des droits à la formation, et également ouvrir un dispositif plus engagé d'offres de formations dans les Régions, au plus près des besoins des entreprises pour répondre directement à leurs demandes. Cela suppose de lever tous les freins à la mobilité. Cela suppose également de confier aux Régions les politiques en matière de formation et d'emploi.

Je plaide pour une suspension, voire pour une réforme du paritarisme, car nous ne pouvons laisser ni aux syndicats ni au patronat, l'un comme l'autre de moins en moins représentatifs, les clés des évolutions sociales dont la France a besoin. Je leur préfère de loin une évolution des politiques sociales et de la formation professionnelle qui nous conduise vers des axes stratégiques assumés par l'État, un compromis social au niveau des Régions et des négociations au plus près des entreprises.

– Une **réforme de la politique familiale** : une autre politique sociale – sans doute celle qu'il faut prioritairement soutenir – est celle qui relève des politiques familiales. La famille est le premier cercle de solidarité. Elle est cet espace privilégié d'éducation, d'écoute et d'accueil qui nous permet de retrouver l'intensité affective que procure ce lien inégalable. Nous devrons être aux côtés des familles en rétablissant l'universalité des allocations familiales, en améliorant les prestations familiales depuis les premières années de l'enfant jusqu'à la période des études supérieures ou des formations professionnelles, et en assurant aux parents qui consacrent une partie de leur vie à l'éducation de leurs enfants une bonification significative de leurs droits et de leur retraite. Il ne s'agit pas de faire des cadeaux aux familles, mais de reconnaître concrètement leur mission éducative, leur contribution à la prospérité de notre pays et à l'équilibre des générations à venir. C'est un principe d'équité sociale que nous ne pouvons pas abandonner.

Enfin, les nouvelles politiques sociales seront de plus en plus tournées vers les solidarités spontanées. Celles qui naissent de la volonté des individus à s'entraider et à se rendre mutuellement des services. On a là un formidable gisement d'initiatives qui se développera de plus en plus vite, pour autant qu'on ouvre l'accès aux données publiques à tous ceux qui ont des projets dans ce domaine. De la garde d'enfants à l'assistance au bricolage, de la mutualisation des transports à celle des courses pour les personnes âgées ou malades, de l'initiative associative à la communauté de quartier, les dynamiques de réseau vont progressivement envahir l'espace social en substituant progressivement à l'État-providence des formes nouvelles et innovantes de solidarité. C'est un fantastique levier de socialisation qui ne se développera que si nous lui laissons un espace de développement.

Une réforme de notre organisation institutionnelle et de l'aménagement des territoires

La priorité est de changer notre organisation institutionnelle, qui présente le triple inconvénient d'être à la fois trop complexe, trop dépensière et de plus en plus illisible. En bref, si elle a un temps été adaptée aux besoins de la France, aujourd'hui elle ne l'est plus.

Le cycle de réformes territoriales que nous venons de vivre – avec les lois sur le mode de scrutin, sur l'affirmation des métropoles, sur la délimitation des Régions et actuellement sur les intercommunalités – aurait pu et dû relever d'une vision globale sur l'aménagement du territoire. Elles auraient dû être de ces réformes audacieuses qui permettent à la France de prendre la mesure des défis qu'elle doit relever et d'une nouvelle organisation de nos territoires, plus simple, plus efficace et plus moderne. Malheureusement ces réformes dispersées ne procèdent pas d'une vision stratégique pour la France. Elles ont complexifié le mille-feuille territorial et le système des décisions politiques, et elles ne permettent pas de répondre à deux questions pourtant essentielles.

1. Quelles sont les bonnes échelles territoriales pour les politiques de proximité et de développement ?

2. Quelles coopérations doit-on promouvoir pour bien articuler les actions des collectivités et de l'État ?

Pas plus qu'elles ne permettent de veiller à ce que les réponses proposées respectent les impératifs d'optimisation budgétaire auxquels nous devons souscrire.

Aussi devons-nous rapidement mettre en œuvre une vaste et profonde réforme de l'organisation de nos territoires et de nos institutions. C'est la réforme de base qui permettra ensuite, selon le principe de subsidiarité, de déployer les nouvelles politiques publiques dont la France a besoin.

Cette réforme doit partir « de là où les gens vivent » afin d'assurer la fertilisation de l'ensemble de nos territoires et de veiller à ce que tous les atouts et les talents de la France soient réellement pris en compte et valorisés. Elle doit être simple, efficace et compréhensible par tous les Français.

Une telle réforme doit répondre à trois questions : Quel est le bon maillage de proximité ? Quelle est la bonne échelle de développement ? Quelle est la bonne organisation parlementaire ?

1er objectif : Faire en sorte que chaque Français soit à moins de vingt minutes d'une ville moyenne

Le premier objectif est de reconfigurer un maillage de villes moyennes à travers le territoire français. Pourquoi ? Parce que les enjeux sont nombreux : ils concernent l'accès aux équipements publics, les parcours scolaires, la gestion des mobilités, l'action sociale, les politiques de logement, mais aussi l'émergence de nouveaux espaces d'innovation, comme les plates-formes de coworking, pour soutenir les politiques de développement et d'emploi. L'optimisation de ces politiques ne peut plus se faire à l'échelon des communes, pas davantage au niveau d'intercommunalités de 10 000 ou 20 000 habitants, trop petites pour assurer cette mutualisation des services de proximité. Elle appelle la création d'échelles adaptées aux enjeux contemporains. Ma proposition est donc de fédérer nos 36 000 communes autour de 450 villes moyennes. Cela donnera naissance à de puissants territoires intercommunaux, en mesure de mettre en œuvre cette optimisation au meilleur coût. Chaque Français serait ainsi, quel que soit l'endroit où il habite, à moins de vingt minutes d'une ville moyenne qui lui offrirait les services publics de base dont il a besoin.

Ces nouveaux territoires, inspirés des Pays qui ont historiquement structuré la France, seraient les pivots de la décentralisation : ils constitueraient de véritables territoires de projets pour le développement des politiques de proximité ; ils formeraient aussi des subdivisions régionales et ils coïncideraient progressivement avec la circonscription législative et l'arrondissement sous-préfectoral.

Cette échelle entraînerait la suppression des conseils départementaux. Elle appellerait également une reconfiguration des compétences communales selon le principe de subsidiarité. Ces 450 bassins de vie s'inscriraient ainsi dans une double logique d'interconnexions visant, à terme, à positionner chaque Français à moins de vingt minutes d'une ville moyenne (et à moins d'une heure trente d'une métropole connectée au monde, nous allons le voir).

Ainsi, dans cette configuration, l'élu local, le député et le représentant de l'État, réunis au sein d'un même territoire, pourront améliorer l'ensemble du processus politique, le rendre plus lisible et engager enfin les synergies qui entraîneraient la fusion entre les services déconcentrés de l'État et ceux des collectivités locales.

Les forces de cette configuration veilleront à :

– assurer à chaque Français un accès équitable à un bouquet d'équipements publics (écoles, collèges et lycées, maisons de retraite, équipements sportifs ou hôpital) ;

– bénéficier d'une taille suffisante pour décliner sur le terrain les politiques de développement et d'emploi menées par la Région ;

– coordonner localement une véritable politique sociale et de santé avec la présence systématique d'un hôpital ;

– développer une politique contractuelle afin de fusionner progressivement les services déconcentrés de l'État et ceux des collectivités ;

– et faire de ces nouveaux territoires les nouvelles circonscriptions législatives, assurant ainsi une meilleure lisibilité de la démocratie.

Les villes moyennes deviendraient les pivots des politiques de proximité ; les métropoles, ceux des politiques de développement.

2e objectif : Faire en sorte que chaque Français soit à moins d'une heure trente d'une métropole connectée au monde

Le deuxième objectif concerne la définition d'une bonne échelle pour les politiques de développement et d'emploi.

La mondialisation exige que nous connections le plus directement possible nos territoires au reste du monde, afin de les faire tous profiter de la croissance internationale.

Or, les métropoles jouent ce rôle d'intermédiaire entre les différents territoires français et le monde. Par exemple, les fonctions tertiaires, financières et créatives qu'abrite une métropole facilitent l'adaptation des entreprises locales aux exigences d'une économie globale. Mieux une entreprise est connectée à une métropole, plus elle bénéficie d'un écosystème performant qui facilite ses connexions avec le monde. Une entreprise de textile située à trois heures d'une métropole aura peu de chances d'attirer les designers et tous ceux qui participent à l'innovation dans ce secteur. Alors qu'une entreprise proche d'une métropole bénéficiera des évolutions de son écosystème. Les métropoles ont cette capacité à créer la valeur ajoutée supplémentaire nécessaire au développement de la plupart de nos filières. Prenons l'exemple de notre réindustrialisation, elle passe par notre capacité à intégrer davantage d'innovation dans nos produits. Or les fonctions métropolitaines, par le bouillonnement des idées et la présence de formations supérieures, peuvent y contribuer ; c'est dans ce sens qu'elles agissent comme des connecteurs indispensables entre nos entreprises et l'économie mondiale.

Cette approche est essentielle pour la France tant la déconnexion de nos territoires au reste du monde aboutit inéluctablement à la disparition de nombreuses entreprises trop isolées.

Une dizaine de villes françaises peuvent d'ores et déjà prétendre à ce rôle de pivot pour l'ensemble du territoire français, de telle manière qu'aucune partie de la France, ni aucun Français, ne soit à plus d'une heure trente d'une métropole connectée au monde. C'est à cette condition que demain, aucun de nos territoires – zones rurales comprises – ne soit un « laissé-pour-compte » de la mondialisation.

La question n'est donc pas de savoir si la France doit compter huit, dix, douze ou quinze Régions, mais plutôt d'énumérer nos métropoles pivots, puis de les relier à chacune de nos villes moyennes. C'est ainsi que devra se dessiner la nouvelle carte de France, en partant « de là où les gens vivent » et en connectant nos territoires au nouveau monde global.

Cette nouvelle organisation devra s'accompagner d'un vaste plan de relance d'une politique d'aménagement du territoire. Véritable schéma de connexion qui rapprochera les Français des villes moyennes, qui reliera le plus efficacement possible les villes moyennes aux métropoles et qui assurera, via les ports, les gares et les aéroports, le raccordement des métropoles au reste du monde. Cette nouvelle connexion de nos territoires passe par la mise en place d'un schéma cohérent des transports, dans toutes ses composantes, incluant l'évolution des réseaux routiers et ferroviaires, de manière à mettre chaque Français à une distance acceptable et équitable des centres de service et de décision, et passant par une gestion intelligente de nos aéroports et de nos grands ports maritimes afin d'assurer une connexion efficace de tous les Français et de toutes nos entreprises avec le reste du monde. L'existence d'un tel schéma éviterait les conjectures inutiles, les polémiques et les atermoiements, comme ceux qui nous occupent depuis plusieurs dizaines d'années au sujet de l'aéroport Notre-Dame-des-Landes. Car l'idée même de relier nos territoires aux métropoles européennes et mondiales grâce à quelques aéroports internationaux ne devrait même pas être débattue.

Un nouveau schéma national d'aménagement du territoire passe aussi par un puissant système de connexion numérique afin de ne pas créer de nouveaux déserts qui transformeraient de nombreux territoires en friches du XXIe siècle. En ayant là aussi une approche inverse de celle que nous avons tendance à avoir au nom de l'efficacité de court terme, qui consiste à laisser pour compte les territoires à faible densité alors même qu'ils recèlent très souvent des atouts majeurs pour la France. Enfin, cette ambition « pour un nouvel acte d'aménagement du territoire » appellera un très important programme d'investissements et d'infrastructures qui pourra faire l'objet d'un grand emprunt national, impliquant ainsi tous les Français dans une perspective partagée de développement et de rayonnement.

3e objectif : Une réforme des parlements

La troisième question concerne la représentation nationale. Le schéma proposé ci-dessus permet d'envisager une nouvelle organisation parlementaire. L'Assemblée nationale ne compterait plus que 450 députés, élus comme aujourd'hui au scrutin uninominal à deux tours, sur la base des 450 circonscriptions délimitées selon les mêmes contours que les 450 nouvelles intercommunalités et les 450 territoires préfectoraux. Le député, le président de l'intercommunalité et le préfet deviendraient ensemble les pivots de l'action publique dans ses trois composantes :

politique, administrative et législative. La mise en cohérence des trois fonctions sur le même périmètre territorial donnerait une meilleure lisibilité des actions respectives de chacun des acteurs. Le Sénat serait transformé en Assemblée des territoires, afin de constituer la Chambre des représentants des territoires. Les présidents des 450 intercommunalités et des 8 à 10 Régions se retrouveraient dans une assemblée territoriale dont la mission serait de travailler sur les politiques qui nous concernent directement. Cette Assemblée des territoires statuerait en première lecture sur tout ce qui touche au déploiement des politiques publiques dans les territoires et à la mise en cohérence des actions nationales. On retrouverait alors une bien meilleure complémentarité des institutions parlementaires avec une chambre « politique » et une chambre réellement « territoriale ».

Au-delà de sa simplicité – 8 régions, 450 intercommunalités et 450 parlementaires –, cette réforme mère de la vie politique française aurait trois avantages majeurs.

1. Réduire substantiellement le nombre de collectivités et d'élus. De 36 000 communes,

3 000 intercommunalités, 100 départements et 13 Régions aujourd'hui, on passerait à 8 Régions et 450 intercommunalités. De près de 900 parlementaires, on passerait à 450. De 13 préfets de Région, 100 préfets de départements et 400 sous-préfets, soit au total plus de 500 représentants de l'État, on passerait également à 450. Enfin, en fusionnant les administrations de l'État et celles des collectivités locales, on gagnerait à terme plusieurs dizaines de milliers d'emplois publics.

2. Un autre avantage essentiel de cette réforme concerne les dépenses publiques. Au-delà des effets directs de la baisse du nombre de collectivités et d'élus, cette évolution entraînerait une diminution très significative des frais de structure que le système actuel génère. Car derrière la complexité du système français s'agrègent des frais considérables. Ce sont des immeubles, des véhicules, des déplacements, le recours à des prestataires et toutes sortes de dépenses qui se nourrissent de la complexité actuelle du système politique. On estime à terme à plus de 50 milliards par an les gains que l'on pourrait tirer de cette nouvelle organisation.

3. Le dernier avantage relève de l'optimisation des politiques publiques. Car la simplification entraîne inévitablement une nouvelle dynamique d'efficacité. Une efficacité à deux titres : au niveau de la conduite des politiques publiques grâce à des tailles critiques plus pertinentes, une rationalisation des procédures de décision, des échelles plus en phase avec les logiques de projets et une réduction très significative du nombre des décideurs; et une efficacité en termes de démocratie, car la complexité croissante de notre organisation territoriale et institutionnelle éloigne de plus en plus les citoyens des décideurs politiques. Quand les électeurs ne sont plus en mesure de bien comprendre qui est responsable de quoi dans le système politique, il n'est pas étonnant qu'ils se désolidarisent de l'action publique. Dans la Région parisienne, par exemple, nous battons le triste record, probablement mondial, de l'empilement territorial, avec : la commune, l'établissement public territorial, le département, la métropole, la Région et les services de l'État. Comment être efficace dans un tel enchevêtrement des responsabilités ?

Je plaide enfin pour une suppression du statut de la fonction publique, pour créer cette nécessaire porosité entre les secteurs public et privé, pour nourrir la fertilisation croisée entre ces deux univers et pour assurer plus d'équité dans les statuts professionnels.

Pour toutes ces raisons, je pense que cette réforme de l'organisation de nos territoires et de la représentation nationale est essentielle avant d'aborder tous les autres projets. C'est une condition essentielle pour que toutes les autres réformes réussissent et s'inscrivent efficacement dans une nouvelle structure de projet.

Une politique étrangère et européenne

Un enjeu de taille est celui de notre politique étrangère et européenne. Les deux me semblent aujourd'hui intimement liés, pour des questions géopolitiques et économiques.

En 1950, l'appel de Maurice Schumann, avec Alcide de Gasperi et Konrad Adenauer, qui avait donné lieu à la création de la Communauté européenne du charbon et de l'acier, puis au traité de Rome, était un acte profondément inspiré. Il partait d'une vision politique qui avait pour premier objectif de consolider la paix entre les pays européens, mais aussi avec le reste du monde qui sortait à peine d'une terrible guerre mondiale. Aujourd'hui, nous sommes à la fin de ce cycle, et à moins de crisper bon nombre d'Européens qui ne voient plus dans l'Europe qu'une supra-administration, génératrice de normes et de contraintes, l'idée européenne ne fait plus recette. Si nous y ajoutons le déficit de démocratie européenne lié au rôle comme au pouvoir du Parlement européen, ainsi qu'à la manière dont on sélectionne les élus qui y siègent (ou non) – et qui sont trop souvent les apparatchiks des partis politiques –, si nous y ajoutons également l'impuissance européenne devant de nouveaux défis comme celui des migrants et par corollaire de la difficile gestion de l'espace Schengen, on obtient toutes les conditions d'une Europe en panne sèche.

Or l'Europe n'a probablement jamais été aussi nécessaire qu'en ce moment et il nous appartient, à nous Français qui avons milité pour une paix durable et qui avons profondément contribué à cette construction européenne, d'en être aujourd'hui à nouveau les inspirateurs. Deux grands défis de politique étrangère doivent s'inscrire au cœur d'une nouvelle perspective européenne : celui de notre sécurité et celui de notre développement économique.

Celui de notre sécurité d'abord, à double titre. La situation au Proche et au Moyen-Orient, mais aussi en Afrique, n'est pas qu'une question d'actualité. Elle correspond à de profondes mutations géopolitiques, liées à la fois à des évolutions d'enjeux énergétiques, à un changement de la position américaine et à un bouleversement des rapports de force entre les pays d'influence sunnite et chiite. Ces évolutions vont probablement s'accompagner d'un désengagement de la présence américaine dans cette région qui nous laissera, nous Européens, face à nos responsabilités diplomatiques, politiques et militaires. Or nous ne pouvons pas traiter ces questions en ordre dispersé car, d'une part, nous n'avons pas les moyens d'assurer notre sécurité en dehors d'une véritable coopération européenne – la conséquence serait la fermeture progressive de nos frontières et, à terme, l'échec pur et simple de la construction de l'Europe ; d'autre part, parce qu'une communauté européenne désunie sur un sujet aussi stratégique pour nos populations comme pour le reste du monde risquerait de nous mettre petit à petit sous la tutelle ou l'influence de nouvelles puissances, comme la Russie ou la Turquie, qui se substitueraient à nous, non sans arrière-pensées, pour devenir des forces régulatrices aux portes de l'Europe. C'est la raison pour laquelle, si nous croyons que l'Europe a pour vocation première d'être un vecteur de paix, il nous appartient d'abord de construire une politique étrangère commune afin de répondre collectivement aux enjeux du XXIe siècle. Et c'est sur ces bases, afin de se donner les moyens de nos ambitions, qu'il nous appartiendra aussi de mettre en place une défense commune. L'Europe ne représente aujourd'hui que la moitié des dépenses militaires américaines. Il ne s'agit pas forcément d'atteindre le niveau des États-Unis, mais de comparer les moyens que nous consacrons à notre sécurité et à notre souveraineté, avec ceux de nos partenaires américains ou chinois. Il nous appartient enfin d'assurer la protection de nos frontières. D'abord en adoptant des critères qui, en matière d'immigration, de droit d'asile et de circulation intra-européenne, soient clairement définis et respectés par tous. Mais aussi, si nous voulons maintenir un espace européen de libre circulation, par des moyens très significatifs en termes de gardes-frontières autour du périmètre Schengen. C'est aujourd'hui une priorité.

Un autre défi géopolitique qui se pose à l'Europe, et qui n'est pas neutre en termes de sécurité, est celui de l'Afrique. Ce continent, qui est l'un des bassins de population parmi les plus dynamiques au monde – la population devrait plus que doubler entre aujourd'hui et 2050 pour passer de 1 à 2, voire 3 milliards d'habitants –, recèle un fantastique potentiel de croissance économique. Néanmoins l'Afrique peut aussi représenter un risque majeur si son développement économique n'est pas à la hauteur de cette explosion démographique. Or, là aussi, nous ne pouvons pas porter au niveau européen des regards différents sur l'Afrique et mener des politiques dispersées, voire antagonistes, compte tenu de la profondeur des enjeux, des opportunités économiques et de la réalité des risques pour chaque pays d'Europe si nous abordons ces questions désunis.

Dans ces deux domaines, le silence assourdissant de l'Europe trahit ce besoin urgent que les pays européens – sous l'impulsion de la France et de l'Allemagne, mais aussi de ceux qui sont les plus concernés par ces problématiques – adoptent une position et prennent une initiative. Avec un triple objectif : celui d'une définition d'axes stratégiques partagés en termes de politique étrangère européenne ; celui de la création et de la mutualisation d'une véritable force d'intervention militaire, capable de relayer nos positions politiques, mais aussi de défendre nos territoires et nos ressortissants à travers le monde et d'assurer une protection efficace et homogène de nos frontières ; celui d'une politique commune, avec des critères partagés, et d'une gestion concertée des flux migratoires et du droit d'asile.

L'autre enjeu européen qui mérite un Acte II de la construction européenne est celui du développement économique et technologique.

Car face à la dynamique d'innovation américaine et asiatique, face également à l'évolution du commerce international, il me semble aujourd'hui fondamental que l'Europe fasse preuve d'une nouvelle ambition économique. Si nous ne le faisons pas, l'Europe, malgré ses 500 millions d'habitants, sera reléguée au niveau des puissances économiques de deuxième rang. Deux écueils méritent pour cela d'être réglés : celui de l'euro et celui des ressources propres à l'Union européenne.

L'euro est probablement un des éléments les plus structurants dans la mise en perspective d'une politique économique commune. La politique monétaire européenne ne peut pas être fluctuante au gré des « coups de pouce » ou des stimuli nécessaires à la sauvegarde des équilibres budgétaires de tel ou tel pays. Elle doit accompagner un projet économique européen fondé sur la création de valeur ajoutée et sur la mise en place des réformes de structure indispensables dans de nombreux pays – dont la France. Plusieurs éléments devraient nous convaincre de cette priorité, comme la persistance d'un risque déflationniste, le faible impact sur la croissance de la politique de liquidité menée par la BCE au cours de l'année 2015, ou l'exemple de la réussite des exportations allemandes hors zone euro, depuis des années, malgré une monnaie forte. D'autres éléments devraient nous alerter, comme la politique menée actuellement par la Chine, qui consiste à développer son économie en dévaluant le yuan et en préparant une montée en gamme de sa production, ou comme la capacité de l'économie américaine à jouer efficacement de tous les paramètres monétaires et macroéconomiques pour renforcer son économie. Pour toutes ces raisons, l'Europe est fortement incitée à progresser vers plus de cohérence dans ses orientations budgétaires, dans une politique de l'offre à la fois innovante et ambitieuse et dans la mise en œuvre d'une véritable politique d'investissement. Nous devons participer à cette nouvelle révolution européenne, en respectant le pacte de stabilité dans lequel nous sommes engagés, mais aussi en participant à la rédaction d'une nouvelle feuille de route européenne avec l'appel à un budget dynamique, assis sur une fiscalité européenne propre, afin d'ouvrir ensemble un vaste programme d'investissements d'avenir.

Nous devons enfin réactiver le Comité des régions pour bâtir, avec toutes les grandes régions européennes et à partir des métropoles, un réseau de connexion et un système de coopération à partir duquel, j'en suis profondément convaincu, nous pourrions développer de nouveaux programmes d'investissement et d'innovation.

En 1900, l'Europe représentait un quart de la population mondiale. En 2060, elle n'en représentera probablement qu'à peine plus de 6 %. Il est temps d'en prendre conscience et de mobiliser toutes nos forces pour lui donner une nouvelle impulsion.

– 8 –

Une loi de programme[1] qui engagera les principales réformes structurelles nécessaires pour la France

« Les promesses n'engagent que ceux qui y croient. » Cet adage malheureux, que nous avons tous entendu des centaines de fois, a fait des ravages dans l'opinion publique. Il est la négation de l'engagement et de la valeur de la parole donnée. Il est l'apanage des « hommes providentiels » quand ils se présentent devant les électeurs avec l'arsenal de promesses que leurs conseillers

1. Les lois de programme sont apparues sous la IIIe République. Elles permettent la réalisation d'investissements de grande ampleur et sont destinées à étendre les perspectives financières de l'État au-delà du cadre annuel.

en communication les ont incités à proposer pour maximiser leurs chances.

Aujourd'hui, les promesses ne font plus recette. La parole politique s'est terriblement appauvrie. Qui croit encore aux promesses politiques ?

Une nouvelle perspective politique construite sur la promesse d'une France où tout va bien et d'un monde meilleur risque, une fois de plus, de se heurter à la méfiance des Français et de rester une initiative sans lendemain. La promesse est liée à la confiance. Tant que celle-ci ne sera pas revenue, il est fort à parier qu'aucune promesse ne sera plus acceptable par les Français. C'est la raison pour laquelle notre projet politique doit se construire sur l'idée d'un « contrat » plutôt que sur celle d'une promesse. L'avantage d'un contrat, c'est qu'il engage. Le contrat est clair, mesurable, facile à évaluer, et chacune des parties qui le signent a des droits et des devoirs à respecter. Le contrat explique quels seront les moyens mis en œuvre et quels sont les résultats que l'on peut attendre. En cas de changement ou d'évolution inattendue, un avenant au contrat permet de redéfinir la feuille de route sans pour autant trahir les principes du contrat initial. C'est dans cette nouvelle relation de confiance entre les candidats et les Français qu'un renouveau politique peut émerger.

Faire une campagne électorale sur la base d'un contrat de législature suppose deux conditions : la première est pédagogique, la seconde participative.

Passer de la promesse au contrat appelle à ce que les Français soient engagés dans la campagne. Car un contrat ne peut fonctionner que si les parties prenantes sont en mesure de contribuer à son écriture, de le lire et de le « signer ». C'est la raison pour laquelle notre campagne devra s'attacher à expliquer clairement les enjeux, les mesures à mettre en œuvre et les objectifs à atteindre. Nous devrons sortir des incantations et des grands meetings au cours desquels les hommes politiques se succèdent à la tribune pour fustiger le camp adverse et proclamer quelques slogans chocs à forte résonance médiatique. Nous devrons procéder autrement en décrivant point par point nos propositions et les résultats que l'on peut en attendre. Nous devrons interpeller les Français sur nos idées pour leur demander de les enrichir, de les critiquer et de les valider. Comme on négocie un contrat avant de le signer, ce processus progressif et participatif avec les Français devra nous permettre de construire et d'emporter l'adhésion nécessaire à la réussite du projet politique.

Ce contrat de législature sera valable pour la période de la mandature parlementaire de 2017 à 2022. C'est un véritable contrat d'objectifs au service de la France. Il aura valeur de referendum comme le prévoit la Constitution, il prendra la forme d'une « loi de programme », engageante et contraignante, que les députés seront appelés à débattre et à voter dès l'installation de la nouvelle législature. Il reviendra ensuite au gouvernement de l'appliquer. Cette loi de programme prendra en compte cinq principes d'engagement : elle privilégiera le principe de subsidiarité afin de considérer très clairement les niveaux de responsabilité des territoires et de l'État dans l'élaboration des nouvelles politiques publiques ; elle devra décrire très précisément les réformes proposées en prenant soin de les classer par catégorie ; elle proposera un calendrier précis et des échéances pour chaque train de mesures ; elle décrira les moyens mis en œuvre et les crédits d'engagement nécessaires pour appliquer chacune des réformes ; elle fixera enfin les objectifs à atteindre en prenant soin de proposer des outils d'évaluation accessibles par tous les Français. En cas d'échec, les responsables politiques qui auront été à la base de ce contrat s'engageront à renoncer à tout mandat électoral.

Ce programme sera d'initiative parlementaire. Aujourd'hui, seuls 5 % des lois relèvent de l'initiative des députés ! Cette prise de responsabilité engagera les députés dans la mise en œuvre des réformes qu'ils auront proposées.

Cette loi de programme présentera un nombre limité de réformes phares qui couvriront quatre champs prioritaires.

1. L'ORGANISATION ET L'AMÉNAGEMENT DE NOS TERRITOIRES, afin de simplifier la gouvernance de la France, de réduire très significativement le mille-feuille territorial, de diminuer la dépense publique et de redonner toutes leurs chances à tous nos territoires par un vaste programme d'investissements d'avenir.

2. L'ÉDUCATION ET LA FORMATION, afin de préparer les nouvelles générations et l'ensemble des salariés aux exigences et aux contingences d'une nouvelle économie dont on sait qu'elle nécessite de créer davantage de valeur ajoutée et d'innovation.

3. L'ENTREPRENEURIAT, afin d'amplifier et d'accompagner la dynamique de création et de développement à laquelle aspirent de plus en plus de Français, en développant une fiscalité plus incitative, en fluidifiant le marché du travail et en simplifiant la construction normative particulièrement prospère, complexe et contraignante en France.

4. LA SOLIDARITÉ, afin de maintenir les meilleures conditions d'assurance, d'accompagnement social et de soin, tout en responsabilisant chaque Français, en neutralisant au maximum les effets d'aubaine et en veillant à l'équité.

Aux côtés de ces quatre orientations opérationnelles, un cadre de négociation avec le président de la République permettra de poser les priorités régaliennes en matière de sécurité, de justice et de défense. C'est la raison pour laquelle une série de positions sera arrêtée en termes de politique étrangère et européenne.

Pour permettre aux Français de suivre la mise en œuvre de cette « loi de programme », chacune de ces quatre orientations aura sa propre plate-forme d'accompagnement, d'évaluation et de suivi. Chaque Français pourra à la fois comprendre les termes du projet, en suivre la réalisation, poser des questions, faire des suggestions et évaluer l'efficacité réelle des mesures prises.

En termes d'application de cette loi de programme, au-delà des ministères régaliens, le gouvernement sera invité à s'organiser autour de quatre équipes ministérielles : une équipe en charge des **réformes territoriales**, une autre en charge des **réformes de formation et d'éducation**, une autre encore en charge des **réformes économiques**, et enfin une dernière en charge des **nouvelles politiques sociales**. Chaque équipe ministérielle sera composée d'un ministre d'État responsable de la coordination et du respect des engagements pris avec une équipe de secrétaires d'État en charge des différentes mesures du pacte. Ces équipes seront composées de personnalités issues du monde politique, des entreprises ou de la société civile, toutes retenues en fonction de leurs compétences et de leurs capacités à engager le pacte dont elles auront la responsabilité.

À l'Assemblée nationale également, quatre commissions spéciales seront mises en place, à l'instar de celle qui l'avait été pour la loi Macron, afin d'assurer l'élaboration de la proposition de loi, d'accompagner l'ensemble du processus législatif et d'assurer le suivi de son application et de ses résultats.

Conclusion

Je ne peux pas trouver de meilleure conclusion que de partager avec vous les chiffres que dévoilent, ce dimanche 17 janvier 2016, *le Journal du Dimanche* et le Cevipof, alors que je rédige les dernières pages de ce livre.

Cette étude alarmante sur la situation politique en France révèle quatre choses essentielles auxquelles nous ne pouvons pas être insensibles. Elle dit d'abord que le premier qualificatif qui illustre l'état d'esprit des Français, c'est « la lassitude », et que le dernier qualificatif dans le même classement, c'est « l'enthousiasme ». Elle ajoute que les acteurs politiques en qui les Français font le plus confiance sont « les maires », et que celui en qui ils font le moins confiance, c'est

« le président de la République ». Elle alerte sur le fait que, pour les deux tiers des Français, la démocratie fonctionne mal. Enfin, elle confirme ce que nous observons depuis des années et qui représente une tendance grandissante, à savoir que plus des trois quarts des Français ne font plus confiance aux hommes politiques.

Que dire de plus que ce que les Français expriment aussi clairement dans cette étude ? Ils attendent plus de proximité, plus de démocratie et un élan de renouveau. Qui pourrait sérieusement prétendre l'incarner, à un an des élections présidentielles? Qui peut croire qu'il est possible de créer une telle dynamique autour de ceux en qui les Français n'ont plus confiance ? Les partis sont encalminés dans des modèles totalement obsolètes. Les Français, eux, ont d'ores et déjà intégré la perspective d'un véritable changement politique.

Tout au long de cet ouvrage, j'ai voulu dire à tous les Français qu'en réponse à leur méfiance envers tout ce qui vient d'en haut, je leur propose de reconstruire à partir de nos territoires ; qu'en réponse à leurs doutes sur la fonction présidentielle, je leur propose de relancer ensemble une initiative politique de proximité ; que l'initiative parlementaire que je lance, je veux la développer en dehors des vieux cadres politiques, dans une démarche moderne, pragmatique et ouverte, avec tous ceux qui sont prêts à mettre leurs talents au service de la France pour participer à un véritable renouveau.

Comme vous l'avez compris, je pense sincèrement que le principe de responsabilité nous engage collectivement. Il nous engage à refuser la spirale du pessimisme. Il nous engage pour que nous fassions à nouveau de notre pays une terre de projets. Il nous engage pour que nous fassions ensemble, de la France, une espérance.

2017, et si c'était vous ?

Épilogue

Et si ça marchait…

Parce que je suis à la fois convaincu que nous sommes de plus en plus nombreux à partager ce besoin de renouveau et qu'il existe au moins 577 Français prêts à mettre leurs talents au service de la France. Parce que j'entends tous les jours combien nous sommes lassés de ces clivages stériles entretenus par des professionnels de la politique qui préfèrent critiquer plutôt que de proposer. Mais aussi, parce qu'il m'apparaît de plus en plus réaliste, si nous ouvrons une telle perspective d'espérance, que nous susciterons un formidable élan… je vous propose de nous projeter dans quelques mois et de vivre ensemble les premières semaines des nouveaux parlementaires.

Nous sommes le samedi 1er juillet 2017 et l'Assemblée nationale démarre une session extraordinaire. En rejoignant ma place dans l'hémicycle, je revois le film de cette campagne totalement incroyable au cours de laquelle 577 Français se sont lancés dans l'aventure et ont pris leurs responsabilités pour investir le champ politique. Le démarrage a été difficile tant la résignation marquait les esprits, mais les dérives de plus en plus insupportables du débat politique et la dégradation de tous les indicateurs économiques et sociaux ont progressivement donné du sens à notre initiative.

Dès avril 2016, j'ai senti que la mobilisation prenait ; des candidats émergeaient des quatre coins de la France, ils étaient entrepreneurs, élus locaux, agriculteurs ou responsables d'association. Ils incarnaient la France, celle de ceux qui « mouillent la chemise » pour inventer, créer, développer, et faire avancer leur pays. Des Français de tous les horizons, courageux et enthousiastes à l'idée de prendre leur destin en main et de construire ensemble l'avenir. La plupart d'entre eux n'avaient jamais rêvé faire de la politique.

C'est ce détachement qui leur donnait une si grande liberté. Nous avions déjà réussi à démystifier l'idée de faire de la politique et à redonner ses lettres de noblesse à ce formidable engagement. Je me rappelle encore l'automne 2016 au cours duquel nous avons compris que la dynamique basculait de notre côté. Les primaires de la droite et du centre, qui devaient faire émerger quelqu'un de consensuel, s'étaient transformées en une bagarre fratricide entre des candidats davantage animés par leurs propres ambitions que par celle de la France. Les favoris y croyaient vraiment, tandis que les autres utilisaient cette échéance pour négocier leur place dans une future équipe ministérielle. Tout cela n'avait plus aucun sens et les Français étaient de plus en plus désabusés. La campagne avait prospéré sur fond d'affaires, d'insultes et de propositions populistes pour tenter de rattraper le Front national. Au PS aussi, c'était la débandade, la guerre des chefs avait pris le dessus sur le débat de fond. Les règlements de compte rythmaient la campagne. Le PS était coupé en deux autour de camps qui s'opposaient frontalement, les

« réformateurs » d'un côté et les « frondeurs » de l'autre, ils incarnaient deux lignes totalement divergentes qui marquaient la fin d'une époque. Une génération politique était en train de disparaître et le paysage se recomposait. Notre initiative permettait aux Français de reprendre le pouvoir autour d'une approche très concrète. Dans chaque circonscription, des femmes et des hommes neufs se lançaient. En décembre 2016 plus de 300 000 Français étaient directement mobilisés ; ils étaient candidats, suppléants, membres actifs des équipes de campagne ou des comités de soutien. Mon livre, paru en mai 2016, avait été un déclencheur. La plateforme Internet que nous avions créée pour accueillir les candidatures et permettre à chacun de se tester et de mobiliser ses soutiens avait bien fonctionné. La presse avait commencé à prendre notre initiative au sérieux dès le mois de septembre 2016. C'était le mois que nous avions choisi pour organiser notre université d'été et présenter nos 200 premiers candidats. Tous ces nouveaux visages dont la moyenne d'âge était d'environ 40 ans, à la fois libres et audacieux, avaient fait l'effet d'un véritable électrochoc. Le renouveau politique avait un visage. Il était collectif, courageux, et il représentait la France qui marche. Ses acteurs n'étaient ni manifestants, ni contestataires, ni professionnels de la politique. Ils étaient français et ils avaient tous prouvé qu'ils étaient capables de réaliser des projets. « L'oxygène dont la France a besoin », avait titré un grand quotidien en présentant en une la photo de nos 200 premiers candidats. La règle d'or que nous nous étions fixée était de ne pas perdre de temps, ni à faire le bilan du passé ni à faire celui de la critique des adversaires, mais de mettre toute notre énergie à expliquer et à proposer. Nous devions être une nouvelle force de proposition. En octobre, je me souviens de ma première grande émission politique. Elle a été le deuxième accélérateur ; elle a montré la cohérence de notre projet et son ambition ; elle nous a permis de redonner un coup de fouet à la mobilisation. En décembre, nous réunissions enfin les 577 candidats aux législatives. Au même moment, nous présentions la loi de programme autour de laquelle chacun se mobilisait et qui continuait les grandes réformes structurelles que nous nous engagions à voter. Ensuite, les étapes sont passées très rapidement : dès janvier, les candidats se sont lancés dans leur campagne. Nous avions tout préparé pour les aider : la formation, la communication, les réseaux sociaux et les supports pédagogiques pour présenter notre proposition de loi de programme. À notre QG parisien, plus de 200 bénévoles étaient mobilisés. Cette ruche ressemblait davantage à une start-up qu'au QG de campagne d'un parti politique. C'était d'ailleurs à une jeune femme de 35 ans qui s'était spontanément proposée pour coordonner tout le dispositif que nous avions confié les rênes de la campagne. Elle s'était entourée d'une équipe très jeune aux profils très diversifiés. Mais tous vivaient cette montée en puissance comme une aventure, avec une formidable passion. Les innovations et la créativité compensaient la faiblesse de nos moyens, et les résultats étaient bien plus efficaces. Les élections présidentielles passaient au second plan et apparaissaient comme totalement ringardes. C'était les législatives et nos 577 candidats qui portaient la dynamique du renouveau. Nous bénéficiions du fait que les partis traditionnels n'arrivaient pas à créer une dynamique suffisante pour contrer celle du FN. Notre initiative avait le mérite de rassembler autour d'une feuille de route à la fois réaliste et audacieuse, qui incarnait un rassemblement. Aux élections présidentielles, le nouveau Président a été élu avec une forte abstention dans un climat de résignation qui n'augurait aucun élan pour les législatives. Le Front national, empêtré lui aussi dans ses querelles de famille, devait gérer un double handicap : celui d'apparaître comme un parti comme les autres – le marketing « antisystème » ne résistait pas à l'élan que suscitait notre initiative –, et celui de devoir expliquer les contresens d'une politique économique qui prônait le retour du franc alors que la France culminait à 2 200 milliards d'euros de dettes. Les scores des candidats du Front national et du Front de gauche étaient finalement revenus au niveau de ce que ces deux partis représentent réellement. Après ces élections présidentielles s'ouvrait la campagne tant attendue des législatives. C'était notre moment de vérité. Nous abordions notre dernière ligne droite avec confiance car les sondages étaient de plus en plus favorables. Les Français attendaient si peu du nouveau Président qu'on ne sentait ni vague bleue, ni vague rose. Personne n'était très motivé pour amplifier les pouvoirs d'une fonction présidentielle si dégradée. Notre liste était créditée de près de 20 % des intentions de vote. Incroyable ! Tous nos candidats redoublaient de motivation et toutes nos équipes étaient sur le terrain. À tous ceux qui me demandaient des pronostics je répondais : « Ça va marcher ! » Et ça a marché. Je me souviendrai longtemps du soir du second tour. Nous avons dépassé les 20 % et fait élire plusieurs dizaines de députés à l'Assemblée nationale. Le pari était gagné ; nous avions dépassé tous nos objectifs. Mais surtout, un vent de renouveau et d'espérance soufflait sur la France. Nos candidats avaient investi l'Assemblée nationale. Pour autant, nous n'étions pas au bout de nos surprises car, dès le lendemain des élections législatives, les partis traditionnels ont ouvert le feu, non pas sur nous, mais en interne. Ils se sont lancés dans des règlements de compte dans un climat d'extrême tension. Le PS et les Républicains avaient tous les deux perdu. La gauche comme la droite étaient totalement disqualifiées ; elles payaient l'une et l'autre trente ans d'échecs politiques. Personne n'avait plus de majorité et les alliances entre les partis étaient devenues impossibles, compte tenu des profondes divergences à l'intérieur même des mouvements politiques. Au PS, les partisans d'un rapprochement avec les communistes se disputaient avec ceux qui, au contraire, voulaient se rapprocher des Républicains. Chez les Républicains, deux lignes s'opposaient violemment entre ceux qui voulaient s'allier avec le Front national et les autres, qui proposaient la création d'une nouvelle force « sociale libérale ». Tout cela sentait la fin d'une époque et la faillite d'une génération d'hommes et de femmes politiques qui privilégiaient la tactique au projet et que les Français renvoyaient dos à dos.

Finalement, trois tendances se profilaient assez clairement : une vraie gauche encore très idéologique, convaincue que la dépense publique était le ressort d'une relance économique ; une droite souverainiste et jacobine qui pensait qu'un État fort était la solution à tous nos problèmes ; et une force pragmatique, nouvelle, qui à l'image de la synthèse entre la CDU et le SPD allemands pouvait s'entendre sur les grandes réformes structurantes dont la France a besoin. C'est en faisant ce constat que nous avons proposé un rassemblement autour de la loi de programme que nous avions préparée et qui abordait ces grandes orientations. Durant deux jours et deux nuits, nous avons vu ceux qui se retrouvaient autour de ces lignes réformatrices, libérales et européennes, nous rejoindre. Nous avons décidé de créer ensemble un groupe parlementaire. Nous avons choisi de nous appeler « les Réformateurs » et nous sommes convenus de porter ensemble les réformes. Au final, une majorité de députés s'est regroupée dans ce rassemblement. Les autres députés se sont réunis dans deux groupes, l'un de gauche et l'autre de droite, tous convaincus que les solutions d'hier étaient encore possibles. Ils auraient presque pu se fédérer en un seul et même groupe qu'ils auraient pu appeler « les nostalgiques », car finalement leurs idées se rejoignaient, tout comme leurs radicalités qui marquaient également la fin d'une époque.

Ce 1er juillet, c'est la véritable rentrée parlementaire. Notre groupe va présenter sa loi de programme et ses quatre grandes orientations sur la simplification de la gouvernance, l'éducation, l'entreprenariat et la solidarité. Demain, ce sera au tour du nouveau Premier ministre de répondre à nos propositions, de défendre leur mise en œuvre, de décrire les ressources qu'il entend mobiliser et de dévoiler l'agenda des réformes correspondantes. Pour la première fois, ces textes vont être d'initiative parlementaire. C'est un signal fort qui marque la reprise en main de la politique par les Français. Pour recréer de la confiance, tous les députés Réformateurs ont signé une charte d'engagement avec trois principes : un engagement éthique ; un engagement sur les objectifs à atteindre ; et la promesse de ne pas se représenter si des résultats concrets n'étaient pas atteints au cours des cinq prochaines années. Près d'une cinquantaine n'ont pas voulu signer à cause des risques pour leur carrière ; nous les avons refusés et la plupart se sont répartis dans les deux groupes des « nostalgiques ».

Dès la semaine prochaine, tous les parlementaires de notre majorité devront expliquer dans chaque circonscription, y compris celles de nos adversaires, la politique qui sera menée et répondre aux questions des Français. Ce type de rencontre sera organisé chaque trimestre, tout au long de la mandature, pour associer tous les Français à la feuille de route du nouveau gouvernement et les tenir au courant de la réalisation. Des supports très pédagogiques seront mis à la disposition de chaque député pour animer ces réunions, et une plate-forme Internet permettra aux Français de suivre jour après jour le déroulement de chacune des étapes de la mise en œuvre de notre loi de programme. La semaine suivante, nous serons vingt-cinq parlementaires à partir au-devant des pays partenaires de la France. Cinq groupes ont été constitués qui iront à la rencontre des principaux chefs d'État des cinq continents pour expliquer l'ambition de la France à jouer un rôle dans le monde au service de la prospérité et de la paix. Je ferai partie de l'équipe « Europe », car je suis convaincu que nous avons là un de nos défis majeurs. Nous n'irons pas à Bruxelles, mais dans chaque pays pour bien montrer, comme nous le ferons en France, que nous ne sommes pas au service d'une technocratie ni d'un parti, mais engagés pour relancer avec nos partenaires européens une politique de prospérité et de rayonnement...

Vous n'y arriverez pas ?

Retrouvez-nous pour faire bouger
la France sur le site **www.577.fr**

Table des matières

Composition :
PRESS·PROD

Imprimé en France
Dépôt légal : mai 2016
N° d'impression : 128143
ISBN : 978-2-7499-2896-8
LAF 2244